人生の「主役」はあなたです

鈴木真奈美

PHP

あなたの代わりはどこにもいない

人の目を気にして、
自分をおさえて生きる人生に、
どんな意味があるのでしょう？

あなたの夢や願いを叶《かな》えずに、
何に命を使うのでしょう？

いつの間に、妥協し、あきらめ、
周りに流されてしまうように、
なったのでしょう。

あなたの人生、
「主役」はあなたです。

失敗したっていい。
嫌われてもいい。

大切なのは、心の望むままに夢や幸せを叶え、
本当にやりたいことをやり、
他でもない、あなた自身を生きることです。

自分をおさえて、ガマンし続ける
「脇役人生」は、もうやめよう。

この広い世界で、
あなたの代わりは、
どこにもいないのだから。

プロローグ

周りに合わせたガマンの人生か、やりたいことをやり、心に素直に生きる人生か

今、私たちは、激動の時代を生きています。決まりきった社会の枠や幸せの概念は、大きく崩れはじめています。

これからは、
・ガマンして、社会の枠や周りの環境に自分を合わせて生きるか。
・たとえ失敗しても、やりたいことをやり、心に素直に生きるか。
この二極化が、ますます進んでいくと思います。

あなたは、どちらを生きたいですか？

本来、人は誰もが主役として生き、幸せになるために生まれてきました。あなたも、幸せにふさわしい魅力や才能をちゃんとそなえています。

それにもかかわらず、学校や社会で、ぶつからないよう、嫌われないよう、「制限的な思考パターンや常識」をすり込まれ、周りに合わせて自分をおさえることに慣れてしまっている人が、あまりにも多いのです。

ですから、そのままの「思考・行動パターン」では、なかなかうまくいかないのです。

安心してください。ちょっとした意識や前提を変えるだけで、流れは大きく変わります。不思議なほど、うまくいくのです。


この本で、あなたにお伝えしたいのは、次のようなことです。

- **自分を解き放ち、人生の主役として生きること**
- **夢や願いを叶え、望む未来をすいすい引き寄せること**
- **トラブルが起きた時でも、早めに心を軌道修正し、さらなる運を味方につけていくこと**

他人の夢や社会の枠に、無理にあなたを合わせるのではなく、「あなたありき」で生きると、すべてが自然とうまくいきます。なぜなら、それが本来の姿だからです。

この方法を実践した瞬間、あなたの人生は、劇的に変わりはじめます。

今のあなたの置かれている状況とは、一切関係ありません。

過去にあなたがどんな失敗をしたとしても、
今、どんなに自信がなかったとしても、
未来に不安があったとしても、
今からいくらでも、流れを変えていくことができるのです。

ガマンしたり、無理にがんばるのではなく、あなたを満たし、自分を生きると、ふさわしい現実が生まれます。

すべては、あなたの想いからはじまる

この本を手にとってくださり、ありがとうございます。あなたと出会えたことに、心から感謝いたします。ここで少し、自己紹介をさせてください。

私は、コーチングやカウンセリングを中心にした「メンタリング」というものを体系化し、セミナーや講演会を開催しています。個人、官公庁、企業、医療系、学校など、これまで二万人余の方々に対し、使命（生まれてきた意味）や魅力、才能、可能性を引き出すお手伝いをしてきました。そして、参加された方々とともに、私自身も夢を叶え、人生は大きく変わりました。たとえ、プロセスで何かが起きたとしても、最後にはみなさんの運がぐんぐんあがり、より幸せな未来が開けていっています。

私が多くの人の悩みや夢に向き合うなかで、強く確信したのは、

「誰もがその人の人生においては、主役であり、どんなに今が普通でも（たとえどん底でも）、豊かで幸せな未来は、いくらでも切り拓いていける」ということ。何かが起きても、軸を自分に戻し、早めに軌道修正すれば、新たな扉が開いていくのです。

あなたの想いひとつで、未来はいくらでも変わっていきます。


実際に、グループメンタリングの卒業生の方々からも、

「参加する前には、まったく想像できなかった幸せな未来を生きている」

「自分のことが大好きになった」

「ずっと願っていたことが、不思議なくらい、あっさり叶った」

「思いがけない形で、理想のパートナーに出会った」

「人間関係、家族関係が劇的に変わった」

「疎遠だった親と、はじめて心が通った」

「運が良くなった」

と大反響をいただいています。だからあなたも、必ず変わります。

もうこれまでの努力やがんばりは、いりません。
あなたはもう十分がんばってきました。
ここからは、力を抜いて、一緒に楽に、流れを変えていきましょう。
無敵モードで、すべてがうまくいく！　そんな人生が始まります。
さあ、準備はいいですか？

目次──contents

プロローグ
周りに合わせたガマンの人生か、
やりたいことをやり、心に素直に生きる人生か 006

第1章 人生の「主役」はあなたです

あなたには、かけがえのない使命がある 020
「生まれてきてくれて、ありがとう」は魔法の言葉 023
人生を一瞬で変える「三角形の法則」 026
手段に振り回されるほど、幸せは遠ざかっていく 028
マイナス感情は、上下が逆というサイン 031
あなたの幸せほど、優先すべきことはない 035
自分に「無理をさせない」ことも、引き寄せの一歩 038

幸せのハードルは低いほうがいい 041
自分におりてきた「小さなお知らせ（直感）」を叶えてあげる 044
直感は、あなたのためのオリジナルサイン 046
エネルギーを奪うのは「もったいない」「せっかくだから」 047
本来のあなたが目覚めた時に、起きること 050
変化の時に起こる心のゆりもどし 053
あなたの価値は、宇宙に等しい 055
COLUMN 01 今を満たすことが、未来のあなたへの最大のギフト 057

第2章 「夢を叶えたい」時にこそ、意識したいこと

はじめに、いちばん大切なこと 060
うまくいく人がやっている「夢を引き寄せる方法」 062

やりたいのに、やり方がわからない時には夢の周波数に合わせていく 066
たった1%の違いが、未来を変える 069
人生はトライ&エラー！ 075
エネルギー貯金をしよう(お金・心・時間のバランス) 078
ワクワクは、使命のかけら 081
氏名は使命を表す！　あなたの名前に隠された大切なヒント 083
後悔のない人生を生きるために、大切なたったひとつの問い 085
感度をあげる「選択の基準」 087
夢には旬がある 089
すぐ飽きて、長続きしないのは、いけないこと？　〜アラカルト的な生き方 092
迷った時こそ、「なんのために」という原点に還る 096
問題を断ち切るために、効果的な言葉「それが何か？」 099
どんな状況でも、幸せは自分で決められる 102
世界をつくるのは、あなた自身 104

第3章 うまくいかない時こそ、チャンスに切り換える

「自己否定」と「罪悪感」は、百害あって一利なし 108
「罪悪感」は、勝手に、自分で自分にかけた呪い 111
自分をいたわる人に、チャンスが訪れる 113
難しいことを簡単に変える「逆転の口ぐせ」 116
問題を解決するシンプルな方法 118
過去はすべてパーフェクト 120
見方を変えるだけで、本来のチカラが目覚めはじめる 122
「どんな自分も最高！」でうまくいく 125
手放すと入ってくる、不思議な力学 128
運気を上げる最大のコツ 132

「Something happy」に気づくと、幸運が訪れる 134
やる気が出ない、しんどい想いをしているあなたへ 137
永遠に、ずっと幸せでいられる方法 140
COLUMN 02 Nothing to lose. ～失うものは何ひとつない 143

第4章 他人に振り回されない

人生の「主役」はあなたです 148
「現実は厳しい」と言われた時には 151
迷った時、相談するなら、ウォルト・ディズニー 154
自分の人生に責任を持つ。「自分の人生なので」 157
批判の大半は、あなたへの嫉妬 159
相手とぶつかり合う時には 163

「心の地雷」を、うっかり踏んでしまった時には 165
嫉妬は、あなたの未来の姿 168
COLUMN 03 自分を生きる 172

第5章 人生のステージが変わる時のサイン

想定外のトラブルは、人生のステージが変わる時 176
COLUMN 04 変化の時、「恐れ」との向き合い方 180
変化の前兆。大きな変化の前には、人生の調整期間がやってくる 185
変化の時期は、人間関係もガラッと変わる 187
スポット的に現れ、すぐに消える人の意味 189
「がんばっている割に、なぜ変わらない?」と焦りが生まれた時には 191
流れを変えたい時は「リズム」を変えてみる 193

人生がシフトしはじめたサイン　195

エピローグ

あなたの代わりはどこにもいない

地球ファミリー　もし地球がひとつの家族だとしたら　200
笑うのに理由はいらない　204
すべては大いなるひとつ　古代マヤの言葉　205
あなたの代わりはどこにもいない　208

おわりに　～いつだって人生は上書き可能　214

第1章

人生の「主役」は
あなたです

あなたには、かけがえのない使命がある

あなたは、たまたま、ここに生まれてきたのではありません。

この時代、この日本、今のあなたを選んで生まれてきたのです。**そこには必ず「役割（使命）」があります。**

私は、これまで何千人もの方の「使命を思い出すお手伝い」をしてきましたが、**誰ひとりとして、同じ使命はありませんでした。**使命を思い出す瞬間は、それぞれ涙がこみあげて魂が震えたり、体が熱くなったり……長い間、忘れていた、とても大切な何かにアクセスするような感じです。使命を思い出すと、自分が特別な存在であり、同じように他人も特別な存在だと、腑《ふ》に落ちる方も多いようです。

もし地球全体が、大きなジグソーパズルだとしたら、私たち一人ひとりは、そのピースです。余分なピースはひとつだってありません。端っこだろうが、ど真ん中だろうが、どれも尊く、どれかひとつでも欠けたら、そのパズルは成り立ちません。

その尊いひとつのピースが、あなたなのです。
そして、どんな人にも、必ず居場所があります。

あなたは、この世界に必要な存在です。だからこそ、この大転換期、それぞれが主役を生きる覚悟をし、それぞれのエネルギーを放っていく必要があるのです。私たちは、ひとつなのです。

この世に、あなたという存在は、たった一人です。人類すべてのDNAに、同じ型がひとつとしてないように、あなたという存在も、宇宙に一人しかいないのです。

想像してください。あなたの両親は二人です。10代さかのぼると、あなたには1024人のご先祖様がいます。ご先祖様の誰か一人でも欠けたら、あなたはここにいません。38億年の生命が、あなたの中にくみこまれています。どんな親も、子どもがお腹にいる時は「幸せになりますように」と願うはずです。あなたは、そんな命と願いがこめられた、かけがえのない存在です。

その人の人生においては、誰もが主役です。

自分をおさえて、風景と一体化してしまうほど、
哀しいことはない。

言えなくて飲み込んだ本音も、
断れずに引き受けたしんどさも、
わかってもらえず、流したくやし涙も、

あなたの優しさや笑顔も、
どこか遠くのため息も、
すべてが響き合い、ひとつの世界をつくっています。
いてもいなくても同じ人なんて、この世には存在しない。

「生まれてきてくれて、ありがとう」は魔法の言葉

私の主催する講演やセミナーでは、時折、お誕生日の人に、みんなで声をかけ、祝福することがあります。

「生まれてきてくれて、ありがとう。出会ってくれてありがとう。これから先、何があっ

ても、どんな時も、あなたが守られ、幸せでありますように」と。

不思議と、この言葉を聞いた時に、涙ぐむ方が多いのです。

そういう方は、日頃、周りを優先し、自分のことは、後回しなのではないでしょうか？人の顔色は気にするのに、自分の気持ちに鈍感な人も、少なくありません。友人や家族のお誕生日は祝うのに、自分のお誕生日は、「もうそんな年じゃないから」と、年を重ねるにつれて、軽んじてしまいやすいものです。

生まれた時からずっとあなたを支え、あなたの人生がより良くなるよう、どんな時も離れず、味方でいてくれたのは、他ならぬ「あなた自身」です。

お誕生日は、そんなあなたが地球に降り立った特別な日。

年に一度のスペシャルな記念日です。何より大事にしてください。

お誕生日には、あなたの心の中にいるもう一人のあなたに、この言葉を伝えてあげてください。

「生まれてきてくれて、ありがとう。
生まれた時から、ずっとそばにいてくれて、ありがとう。
これからも、一緒にいっぱい幸せになろうね」と。

「生まれてきてくれて、ありがとう」は、細胞を喜ばせ、命を祝福する魔法の言葉です。

同じく、「産んでくれてありがとう」「お父さん（お母さん）の子どもでよかった」も、魔法の言葉です。

自分のルーツ（命のみなもと）に感謝することは、あなた自身を大事にすることです。心から思えなくても、言葉だけでもいいので、伝えてみてください。

言いにくい人、抵抗感のある人こそ、そこに大きなボーナスポイントがあります。

人生を一瞬で変える「三角形の法則」

すべては、あなたを世界の頂点に置くことから始まります。

「あなた」がどれほど尊い存在か、書きつづってきましたが、ここで**「三角形の法則」**についてお話ししましょう。

最初に、あなたに質問です。

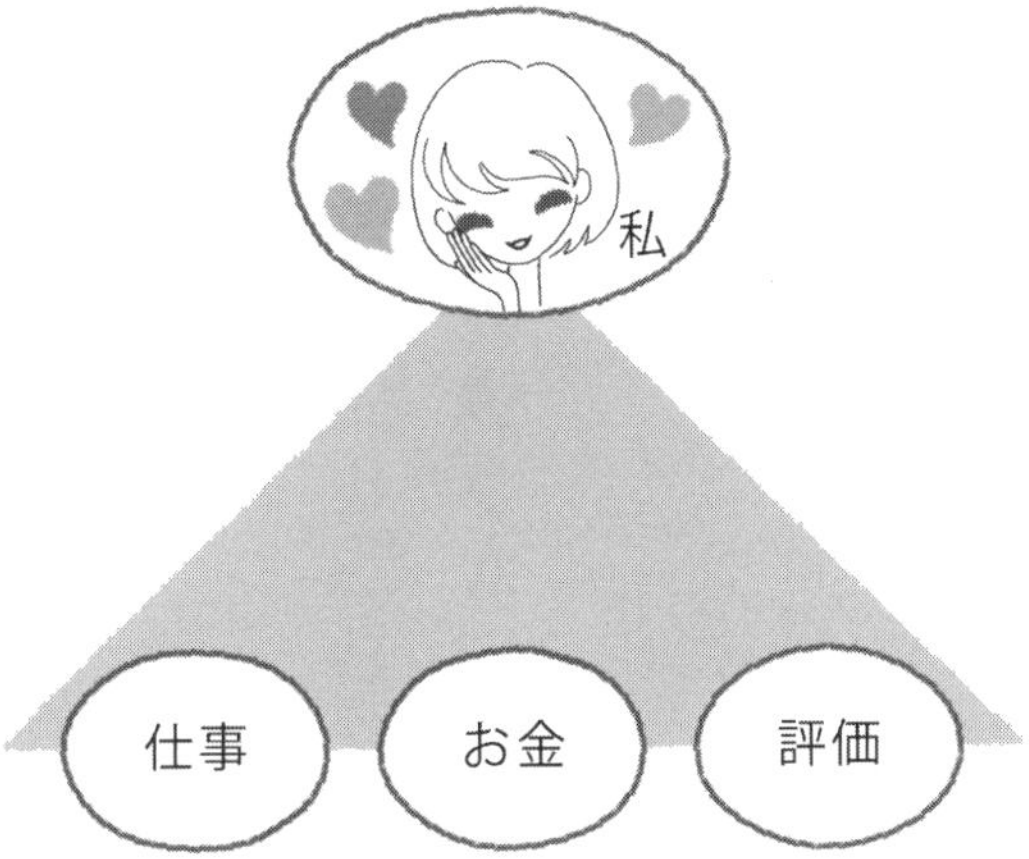

「何があったら、幸せ？」「何が叶ったら幸せ？」と聞かれたら、どんなものが思い浮かびますか？

夢や目標、パートナー、好きな仕事、結婚、子ども、収入、働いている会社名、住んでいる場所、人からの評価や称賛、学歴、資格……。

これらを手に入れると、あなたは満たされ、幸せになれるような気がします。でも、**これらすべては、あなたを満たし、幸せにするための「手段」にすぎないのです。目的は「あなたが幸せである」こと。あなたが主役なのです。**主役のあなたが幸せであれば、「手段」はあってもなくてもいいのです。

まず何より大切なことは、「あなた」をあなたの人生の頂点に、置くことです。

いつだって、あなたが最上位なのです。

手段に振り回されるほど、幸せは遠ざかっていく

多くの人は、夢や目標、パートナー、好きな仕事、結婚、子ども、収入、働いている会社名、住んでいる場所などを重要視し、それを手に入れることが幸せだと錯覚してしまいます。モノコトが得られないと、自分の価値が足りない気がして、ダメ出ししたり、自分を責めたりします。

たとえば……、

・収入の低い自分はダメ
・仕事のない自分はダメ
・結婚できない自分はダメ
・子どものいない自分はダメ
・友だちの少ない自分はダメ
・キラキラ輝けない自分はダメ
・成果を出せずに、認めてもらえない自分はダメ

他にも「仕事でミスした」「人に迷惑をかけた」、そんな自分はダメと……。

「幸せになりたい」と思いながら、「手段」に振り回され、追い求め、逆に苦しくなっています。

うまくいかない時は、「自分」が「ただの手段であるモノコト（お金や他人など）」の下になっているのです。

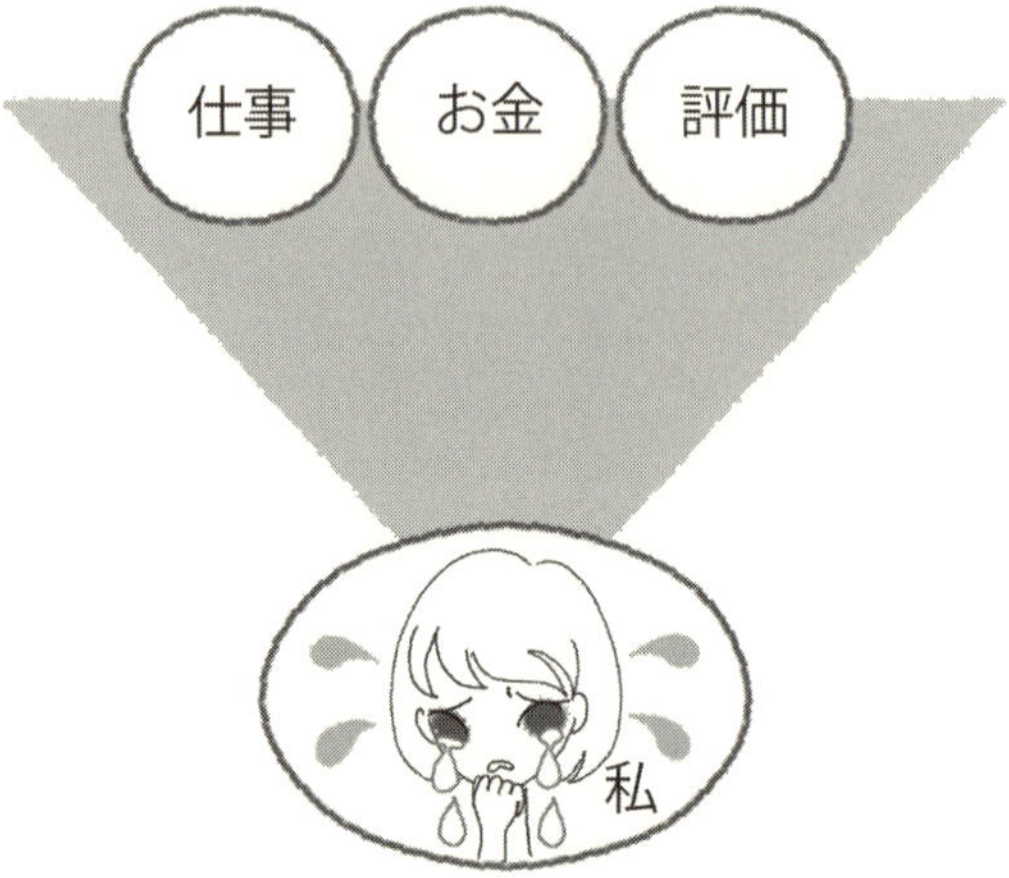

上下が逆になり、「あなたそのもの」が下敷きになっています。

そんな時は、両手でつくった下向き三角形を、くるんと上に向けるイメージで、「あなた」を頂点に、「手段」を下に、戻しましょう。▽→△です。

「手段」と、あなた本来の価値は、関係ありません。「手段」のために、あなた自身が押しつぶされてはいけないのです。

何が起きても、どんな時も、あなたの人生の頂点には、あなたを置くのです。

世界でたった一人の大切なあなた。今この瞬間、あなたが満たされ、幸せであることが、何より大切です。**あなたそのものに、かけがえのない価値があるのですから。**

あなたを満たすことから、すべては始まります。

マイナス感情は、上下が逆というサイン

そうはいっても、ほとんどの人が、モノコトの「手段」よりも「自分」を下に置いています。日々の暮らしの中で、無意識のうちに、自分に粗末な扱いをくり返しがちです。そのような扱いを受けると、気づかないうちに「本当のあなた」は傷ついて、悲しくなったり、怒りを感じます。

「つらい!」「苦しい!」と落ち込んだり、幸運に恵まれていない時は、たいていあなた

が三角形の底辺にいる時です。逆三角形▽になると、本来のエネルギーが発揮されなくなり、うまくいかなくなります。

悲しさや怒りなどのマイナス感情は、「逆だよ」「もっと自分を優先して」という、心の叫び（魂の声）です。下敷きになり、生き埋めになっているから、苦しいのです。

たとえば、残業が続き、無理をしすぎて「つらい」「苦しい」「しんどい」という気持ちになったら、それは「仕事」の下に、「あなた」が来ているというお知らせです。それなのに、「みんながんばっているから」「一人だけわがまま言えないから」と、お知らせを無視し、限界までがんばってしまう人が多いのです。

無視されると、魂の声は、疲労や体調不良、病気、トラブルという形で、さらに強いサインを出してきます。

心の叫びに気づいたら、三角形の頂点にあなたを戻してください。

あなたの気持ちを優先し、尊重しましょう。

そんなことといっても、自分を頂点に置くなんてムリ、と思う人もいるかもしれません。でも本を閉じないで、少しの間だけおつき合いください。

人からの批判、想定外のトラブルなど、さまざまなピンチの時にも、「いけないのは自分」「悪いのは私」「足りないのは私」と、自分を厳しくさばきがちです。そんなピンチの時にこそ、その都度、自分の原点に戻り、三角形を整えます。何が起きても、自分を人生の頂点に置くことこそ、**幸せな成功の基盤**をつくることなのです。

「幸せになる（であろう）手段をたくさん手に入れること」と、「あなたの幸せ」はイコールではありません。

「手段」が目的となって、あなたを傷つけてしまっては、意味がありません。

優しい人ほど、自分を傷つけてしまいがちです。

自分一人がガマンをすれば、周りが幸せになれると思い込み、言いたいことをぐっと飲み込み、気持ちをおさえます。周りに合わせて、自分を殺してしまいます。そうやって守られるのは「エセ平和」です。

「誰かのために」という、行き過ぎた自己犠牲はいりません。自分を丁寧に扱えない人が、本当の意味で、周りに優しくできるはずはありません。もっと自分を出していい。もっと自分に正直に生きたほうがいいのです。

勘違いした優しさの上に成り立つ平和は、偽りです。

あなたの幸せほど、優先すべきことはない

人生のいちばん上に「あなた」を置いたら、次は「あなた」を満たしていきます。あなたの気持ちに寄り添い、希望や望みを叶えてあげましょう。

カギは、いかに、ささやかな希望や小さな欲求に、敏感に気づけるか！

ポイントは、「できる範囲で」「タイムリーに」です。

たとえば、このような感じです。

・コンビニやスターバックスで選ぶ朝のコーヒー。「いつもと同じ」ではなく、「今日はいちばん、どれが飲みたい？」と、心に聞いて選んでみる。

・帰宅途中で、「のどが渇いた！」のなら、「あと5分で家に着くから」「もったいない」とガマンさせずに、すぐにコンビニか自動販売機へ！　ペットボトルを買って、のどを潤してあげる。

・土日に、お金をおろそうと、銀行のATMに行った時。「土日は手数料がもったいないから、月曜に出直そう」ではなく、気持ちよく払うこと。ほんの数百円のために、二度も足を運ばせるのは、自分を軽んじていることになります。楽をさせてあげてください。

・もっとバラエティ豊かなお弁当が食べたいのに、いつも「体にいいもの」という理由だけで選んでいませんか？　たまには「今日、何が食べたい？」と、体に聞いて、好きなものを選んでみましょう。

・旦那さんが子どもを見てくれているから、「外出先から早く帰らなきゃ！」。それでも

「あ、コーヒーを一杯だけ飲みたい」と思ったら、カフェに寄って休む。ほんの10分でもいいのです。

・カフェで案内された席より、窓側がいいなら、その席がいいと伝える（叶うかどうかは別）。「悪いから」「わざわざ移動しなくても」「面倒だし」という思考の声にも負けない。

・他の人がどう評価しようと、あなたが心惹《ひ》かれる人、ワクワクする人とつき合う。

いかがですか？　お金や時間、手間をかけなくても、日常のささやかなことから、自分を満たしていきましょう。

あなたの小さな声に気づき、できる範囲でできる限り、タイムリーに願いを叶えてあげてください。忘れられてしまいそうなほどささいな気持ちに目を向けると、周りの世界も優しくなっていくことに気づきます。

人生は日々の積み重ね。小さな幸せの積み重ねが、かけがえのない人生をつくっていきます。重ねるごとに、心が満たされ、幸せが増えていくはずです。そうやって、自分に心を傾けると、周りからも大切に扱われるようになります。

自分に「無理をさせない」ことも、引き寄せの一歩

自分を満たすためには、「**願いを叶える**」だけでなく、「**自分にガマンや無理をさせない**」ことも大事です。

たとえば、なかなか予約の取れない、高級イタリアン・レストラン。

多くの人は、「もうお腹がいっぱい」と思っても、「高級なお店だから」「めったに来られないから」「残したら、もったいないから」「つくってくれた人に悪いから」と、無理し

て食べてしまうでしょう。そして後から、「あー、食べすぎて、苦しい……」と言っていませんか。「高級イタリアン」や「つくってくれた人」が上で、あなたが下になってしまっています。どんなに高級でも予約が取れなくても、あなたが、「お腹がいっぱい」なら、無理をせず残しましょう。

「自分に無理をさせない」というのは、他にもたとえば……、

・寝不足で「眠い」なら、ほんの5分から10分程度の仮眠でもいいので眠る。「ノルマが達成できるまで！」「ひと区切りがつくまで」と無理をせずに。

・疲れているなら、ちゃんと休憩を。休日はいっぱい寝坊を。「休んだらダメ」「ダラダラは禁止」と厳しくせず。

・ブティックや美容院の店員さんに、無理に話を合わせたり、愛想笑いしたりしない。

・飲み会やランチ会など、気ののらない約束は断る。無理に行かない。人に気を遣う前に、自分に気を遣う！

・微妙なズレを感じる人とは、最初から無理につき合わない。積み重なると、心が疲れます。

・なんとなく、心がモヤモヤする時。思い返してみると、「あの時の相手に腹が立っていたんだな」「あの失礼な態度に、一言言っても良かった……」と気づいたとします。ただ本当に悔しかったのは、失礼な相手から、自分を守ってあげられなかったこと。そんな気持ちを受けとめ、「ごめんね、私」と自分に伝えます。

周りの反応を気にするあまり、言いたいことをぐっと飲み込み、ガマンする人もいます。勇気を出して、本音を伝えてみましょう。周りは案外優しくて、拍子抜けしたというのは、よくある話です。

周りを傷つけないよう、怒らせないようにに無理してきたことや、がんばりすぎてきたことを、ひとつずつ、減らしていきます。

心の声を聞き、自分を尊重するとは、そういうことです。やるべきことに追われ、自分を後回しにしないでください。小さなズレを感じた時点で、解消しましょう。どんなに逆風が吹いていても、あなたが自分自身を守れば、本当のあなたは、とても嬉しくなるはずです。

あなたが幸せを感じるほど引き寄せの力も増していきます。

幸せのハードルは低いほうがいい

自分にガマンや無理をさせる期間が長いほど、ストレスや渇望がたまります。ストレスを発散し、渇望を満たすためには、大きな刺激が必要になります。

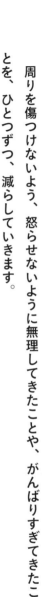

たとえば、コップをイメージしてみてください。いつも自分に無理をさせ、がんばらせて、コップが空っぽになってしまっていれば、満たすには1リットルの水が必要です。一方、いつもちょこちょこ満たしていれば、ほんの数滴、水を垂らすだけで、コップはすぐにいっぱいになって、あふれます。

＊日常のストレスやガマンが大きい場合
↓日々マイナスの貯金が10、20と増える
↓たまにプラスの貯金をする時には、10、20とたくさん必要
↓それでも日常では、マイナスの貯金が多いので、プラスの貯金のわりに、いつも心がカツカツ

＊日々、ささやかに満たす。無理をさせない場合
↓プラス貯金が1、2とささやかでも、たまっていく
↓心が潤っていく

大きなごほうびや、強い刺激が必要なのは、いつも自分に無理とガマンをさせ、心がカツカツになっているから。乾ききった砂漠には、大量の水を注いでも、なかなか、潤うことはありません。

また、本当に欲しいというより、ため込んだストレスや怒りの発散だったり、日常生活からの逃げということもあります。ため込んだ不満やストレスを、いっきに解消するために、高額の買い物や海外旅行、大きなイベントなど、強い刺激が必要になるのです。

その都度、小さな願いに気づき、その都度、叶えてあげることが、幸せのハードルを下げることにつながります。

自分におりてきた「小さなお知らせ（直感）」を叶えてあげる

満たされた状態でいると、小さなお知らせ（直感）がおりてくるようになります。必要な時に、必要な情報がやってきます。

なんとなく、気になる。
なんとなく、やってみたい。
なんとなく、行ってみたい。
なんとなく、連絡してみたい。

満たされた時にやってくるお知らせ（直感）は、すべて内なる自分からのサインです。

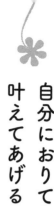

あなたを幸せに導いてくれる答えはすべて、あなたの中にあります。自分を頂点に置いて、その自分を満たすほどに、内にある智慧《ちえ》にアクセスしやすくなるのです。

たいていのお知らせ（直感）は、意味のわからないささいなこと。しかも曖昧です。ワクワク、ピン、なんとなく……ふとわいてきた気持ちを尊重し、できる範囲で、動いてみてください。

多くの人は、行動する前に「どんな意味がある？」「どんな結果につながる？」「なんの役に立つんだろう」と、先に意味や結果を考えがちです。でも大事なことは「**理由や結果に関係なく、やってみたいから、やる**」。純粋に楽しい気持ちを味わうことです。

その時は、意味や結果がわからなかったり、願いに直接、関係ないように思えても、不思議なことに、**後から見れば、驚くほど、つじつまが合っていきます**。一見、なんのつながりもなさそうなことが、まるで、完璧な秩序で仕組まれたかのように。

たとえその時は、意味や理由がわからなくても、あなたの感覚は、大きな流れをちゃんとキャッチしています。はっきりした理由がないのに、「ピンときた」「なんとなく」という曖昧な気持ちほど、大切にしなくてはいけないのです。

直感は、あなたのためのオリジナルサイン

満たされた時に浮かぶ「ふと」「なんとなく」という情報（直感）は、「今のあなた専用」です。

あなたの今までの生き方や経験、才能、環境、使命の組み合わせによって、「**今のあなた**」のためにわきあがる「オリジナルサイン」です。あなたにのみ、意味のある情報なのです。直感が浮かんだら、「あとでやろう」ではなく、まず「今やってみる」ことです。

同じように、あなたが、うまくいっている人の真似をして、同じようなパターンでやっても、うまくいかないし、本当の意味で幸せになれないことは多いです。**人がやっているから私も、ではないのです。**

同時期に、「二人以上から同じことを言われた」「本や雑誌、ネットなどで、同じようなメッセージを目にした」時は、あなたの潜在意識からのお知らせです。あなたに向けられた大切なメッセージを逃さないようにしてください。

エネルギーを奪うのは「もったいない」「せっかくだから」

旅行に行く際、「せっかくだから」「なかなか来られないから」と予定をつめこみ、ひとつでも多くの場所を訪れようとする人がいます。もちろん、楽しめればいいのですが、つめこんだ予定にとらわれ、無理に予定を消化するのは、しんどいものです。いつの間に

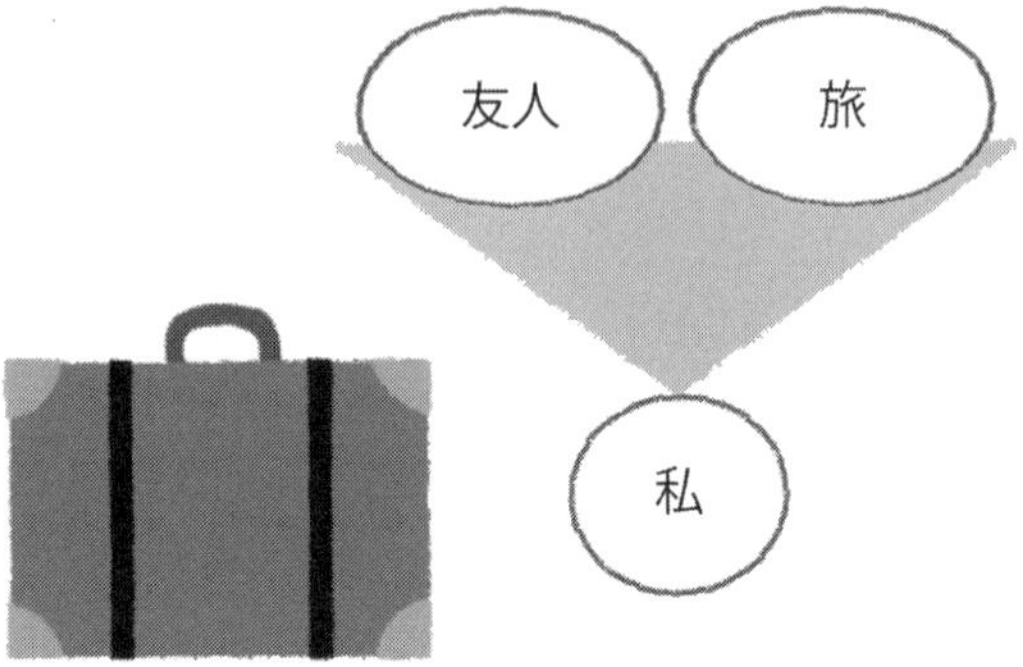

か、予定をこなすことが目的になってしまいます。もしくは、一緒に来た友人に合わせすぎると、疲れすぎて、楽しめなくなります。

これは、「あなた」の上に、「旅」や「友人」を置いていることになります。

「もったいないから」「せっかくだから」「相手に悪いから」と、あなたに無理をさせるのではなく、あなたが満たされ、幸せを感じる選択をすることです。体が疲れていれば、無理にあちこち行かず、ホテルの部屋でゆっくりするのもいい。友人と一時的に別行動もありです。

大事なのは、**何をしたかという「経験」ではなく、「どう感じたか」です。その経験を通**

し、**「あなたが幸せな気持ちになること」**が目的です。それなのに、予定をつめこみすぎて苦しくなるのは、本来の目的から外れます。

どんな時も、世界の頂点に置くのは、あなた。選択の基準は、幸せかどうか、心地よいかどうかという、あなたの気持ちです。

三角形の頂点に「あなた」を置くということは、周りに要求したり、迷惑をかけることとは、イコールではありません。
あなたが好きなことをして、自分で自分を満たすことです。

本来のあなたが目覚めた時に、起きること

自分を満たすと、本来のあなたが目覚めはじめます。心がゆるみ、今まで閉じていたフタが開くと、あなたの中に抑圧されていた、まだ解決されていない感情や隠されていたネガティブな感情がわいてくることがあります。

見たくない「嫌な自分」があらわれたり、小さなことに傷ついたり、ガマンや無理ができなかったり、好き嫌いが明確になったり、トラウマが出てくることもあります。さ さいなことで、涙が出てくる人もいます。

このプロセスは、結構、つらいです。

このプロセスでは、無理にワクワクしようとしたり、未来の夢を考えたり、使命を探そ

うとしないでください。ポジティブな言葉はいりません。わいてきた感情をそのまま吐き出してください。

・言いたかったのに言えなかった。苦しかった
・断れずに、「大丈夫」と笑顔で引き受けた。「なんで私ばかり」と、しんどかった
・がんばったのを、認めてほしかった。悔しかった
・泣きたいのに、泣かなかった。ガマンした
・わかってもらえなくて、悲しかった
・誰かに気持ちを聞いてほしかった
・もっと甘えたかった。さみしかった
・強がったけれど、本当は怖かった。見捨てられたくなかった

そんな風に、飲み込んできた気持ちに、フタをせず、吐き出してください。出てきた感情を受けとめ、優しい言葉をかけてください。

・悔しかったね、悲しかったね
・よくやってるね。がんばったね
・もうガマンしなくていいよ
・ありがとう

泣いても、怒りくるってもいいのです。「さみしい」「つらい」「悲しかった」と、本音を言うこと。もうこれ以上、人に気を遣わず、無理やガマンをさせないこと。自分に惜しみない愛情を注ぎましょう。

「そんな風に思っていたんだ」と、受け入れることで、奥にため込んだものが、段々と消化され、消えていきます。この過程はしんどいかもしれませんが、気持ちを吐き出すことで、心がクリアになっていきます。

言葉にして「**話す**（**はなす**）」と、その感情を「**離す**（**はなす**）」ことができます。
気持ちをおさえずに「**言える**（**いえる**）」と、「**癒える**（**いえる**）」のです。

どんな感情も否定しないこと。どんな感情も、許されるということです。感情をきちんと吐き出せると、まったく違う人生が見えてきます。

変化の時に起こる心のゆりもどし

「本来の自分が目覚めはじめると、ネガティブな感情がわいてくる」というお話をしましたが、「本来の自分」が目覚めると、もうひとつ起こることがあります。

「**これまでの自分**」と「**目覚めた自分**」との葛藤です。古い思考・行動パターン（ガマンや「あるべき」で動く）の自分と、新しいパターンの自分の板挟みになり、迷いも生まれます。

・勇気を出して、本音を伝えてみたものの、相手に不快な想いをさせ、「やっぱりやめればよかった」とへこむ。

・断りたいのに、これまでの習慣でつい引き受けてしまい、後で落ち込んでしまう。

・自分を優先すると、なんだかイケナイことをしているようで、罪悪感がわく。

・「いい人」の仮面の奥に隠していた「嫌な自分」「情けない自分」「ズルい自分」を発見して、自己嫌悪におちいる。

・「これが自分だと思っていた自分自身」や「よりどころだった信念」、「理想の幸せ」が揺らぎ、これまでの人生を疑ってしまう……等々。

変化は、ゼロかイチかではありません。新しいパターンにも練習が必要で、瞬時に切り換わるわけではありません。「**ゆりもどし**」が起こりながらも、少しずつ、底上げされていきます。ゆりもどしの時期は、疲れやすいので、惜しみなく自分を大事にしてください。焦らないことです。

失敗をくり返して成長する赤ちゃんを見守るような優しい気持ちで、接してください。

あなたの価値は、宇宙に等しい

時代は大きく、シフトしはじめています。これまでは、
・人は不完全な存在だから、ダメなところは、隠したり、補ったりしなくてはいけない
・「べき」「しなくてはいけない」でガマンと忍耐を強いる
・目標に向けて、誰かと競争し、必死でがんばり続け、試練を乗り越えようとする
・それなのにうまくいかず、自分を責めてしまう。自信をなくす
そんな人がたくさんいたと思います。


新しい時代の流れでは、もはやそれらは必要なく……、

「**足りないところも含め、自分は最高！**」ととらえ、喜びや幸せを軸に動いていきます。

たとえ人から認められなくても、振り回されずに、自分の基準を大事にしていきます。す

ると、運命の扉が自然と開いていくのです。

たったひとつの細胞から60兆個の細胞が生まれ、手、足、心臓などになり、「あなた」をつくっています。同じようにこの世界のすべては、ビッグバンで大分裂した宇宙の一部。あなたも私も大いなる宇宙の一部であり、宇宙のかけらです。

ということは、「あんな風になれたら、人生楽しかっただろうなぁ」というあこがれの人、大好きな人、大切な人とも、あなたは同じ価値を持っているのです。軽んじていいわけがありません。

あなたは、宇宙の一部。あなたの価値は、宇宙に等しいのです。

本当のあなたは、どんな時も、欠けることのない完全な存在です。

COLUMN

01

今を満たすことが、未来のあなたへの最大のギフト

◯◯がないから、
◯◯を手に入れるために、
夢や目標のために、いつか未来のために、
今を犠牲にして、がんばり続けていては、
いつ幸せになるのでしょう？

「こうすべき」「こうすれば安全」
「それはやっちゃダメ」「それではいけない」
というのは、社会や教育による洗脳です。

自分をおさえて生きるのは、無難かもしれませんが、

心が喜ぶ生き方ではありません。

人生の頂点にあなたを置き、今、あなたを満たすこと。
今の幸せに気づくこと。

今、あなたが幸せなら、それに続く未来も幸せです。

今、この瞬間のあなたを満たすことが、
未来のあなたへの最大のギフトになります。

第2章

「夢を叶えたい」時にこそ、意識したいこと

はじめに、いちばん大切なこと

「夢を叶えて、幸せに生きたい」――これは誰もが思うことです。ただ、誰かに合わせて自分をおさえたり、周りと比べてダメ出ししたりする人は多いです。

違和感、不満、嫌だけれど仕方ない……そんな積み重ねのなかで、人生はこんなものだとあきらめがちです。

「自分には無理」「どうせ私なんか」と、自ら主役を降り、「脇役」として妥協の人生を生きるのではなく、自らにスポットライトを当てましょう。

イメージしてみてください。

・今、あなたには叶えたい夢がありますか？

・もし何も制限がないとしたら、あなたは何がしたいですか？

すべての制限を外して、本音で、やりたいことや自分の理想の姿を明確にしていくことが、いちばん大切です。

限られた人生です。あなたの夢や願いを叶えずに、何に命を使うのでしょう？

この章では、あなたの「夢」について、お話ししていきます。

うまくいく人がやっている「夢を引き寄せる方法」

今まで、どうして夢は叶わなかったのでしょうか？

多くの人は、叶えたい夢や願いにばかり意識が向いてしまいます。「優雅な暮らしがしたい」「お金持ちになりたい」「好きなことを仕事にしたい」と。願いに目が向くと、今度は「じゃあ、どうやって叶えればいい？」というＨＯＷ ＴＯ（方法）を考えるようになります。

方法を考えた時、過去の経験や未来への不安が募り、意識は過去や未来に向きます。そして「やっぱり無理」「できない」とあきらめてしまう。これが負のスパイラルです。

これから書くことは、それとはまったく違う方法です。

意識を「**今**」に戻し、まず、書き出してみてください。

①あなたの叶えたいことは、何ですか？＝望み・夢

②その夢が叶った時に、どんな気持ちになりますか？＝マインド（気持ち・感情）

運命の人に出会ったら、お金持ちになったら、どんな気持ちになるでしょうか？

マインドとは、その夢が叶った時に感じる「嬉しい」「幸せ」「安心」「充実感」「ワクワク」「気持ちがいい」「リラックス」「最高♪」「感謝」という気持ち・感情のことです。

フォーカスするのは、この「マインド（夢が叶った時の気持ちや感情）」です。

夢が叶った時に近い（似た）気持ちを、日常生活で、めいっぱい味わいます。夢とは違う形でも、そうした気持ちを感じる時間を、意識して増やすのです。**ポイントカードのように、日常生活で「マインド（気持ち）」をためるのがコツです。**

たとえば、本当にやりたい仕事が見つかった時の気持ちが「達成感」「幸せ」「安心感」「リラックス」なら……、

・ご飯を食べる↓あぁ～、幸せ♪
・好きな音楽を聴く↓リラックスできる～♪
・日向ぼっこ↓最高♪
・お風呂に入る↓あぁ～、気持ちいい～♪
・お花屋さんの前を通る↓癒やされる～♪
・今の環境で「1時間で、ここまで仕事をやる！」と決め、ゲーム感覚で取り組む。できたら↓達成感♪
・安心できる「人」と一緒にいる↓安心感♪
・お気に入りのカフェで、ホッとできる「時間」を過ごす↓幸福感♪

ほんの少しずつでいいのです。望みや夢に直接関係なくても、「嬉しい」「幸せ」という気持ちをちゃんと味わい、意識的に振れ幅を、増やしていきます。夢がまだ叶っていなくても、叶った時と同じ気持ちを、日常生活に広げていきましょう。

これって夢と関係があるの？と思われるかもしれません。でもこれこそ、**日常生活で、夢の周波数と、あなたの周波数を近づけていくということなのです**。マインド（気持ち）がたまると、夢にピッタリではないかもしれませんが、近い形で叶いやすくなります。

「私は◯◯になりたい」、そのために、どうするか、ではなく、
「私がすでに◯◯だとしたら、今、どうするか」を基準に動くことです。
「叶っている自分」が前提なのです。

やりたいのに、やり方がわからない時には
夢の周波数に合わせていく

「夢があるのに、叶え方がわからない。どうしたらいいですか？」
「○○になりたいのですが、何から始めていいのかわからない」
「具体的に、どう動けばいいんだろう」という質問もよくいただきます。

新しいステージでのチャレンジなら、過去やこれまでのステージには答えがないこともあります。思考で思いつく「やり方」は、これまでのステージでの経験や知識や情報の範囲にしかすぎず、限られています。あなたの願う生き方や仕事は、もしかしたら、まだ世の中に存在していないのかもしれません。

また、もし「起業したい！　けれど、具体的に、どうしたらいい？」と、あれこれやっ

ても行きづまってしまった時には、いったん「夢」から離れてみましょう。そんな時こそ、前述したように「叶った時の気持ちや感情」を先取りし、状態を整えるのが効果的です。叶った時の気持ちを、ポイントカードのようにため、夢の周波数に近づけてみてください。

「叶った時の気持ち」を、より多くためるコツは、**実際に、その道で幸せになった人たちに会いに行くこと**。結婚したいなら、幸せな結婚や幸せなパートナー関係を築いている人に。お金が欲しいなら、幸せなお金持ちに。独立したいなら、幸せな起業家に、実際に会いに行くのです。

その中でも特に、**パワーピープルは、ボーナスポイントのような存在です**。会って元気になれる、ホッとできる、自分の価値を思い出させてくれるパワーピープルは、あなたのエネルギーをいっきに、引きあげてくれます。

具体的なアドバイスはもらわなくても、実際に会って、「あ〜、パートナーっていいなぁ」「お金持ちっていいなぁ」「起業家っていいなぁ」「パワーピープルに会って、元気になれた♪」と、なんとなくいい気持ちになれれば、波動レベルで調整されたことになります。

潜在意識の底にある集合意識では、すべてはつながっています。日々を楽しみ、夢とあなたの周波数が同じになれば、新しいやり方やアイディアがふっとわいてきたり、やり方を教えてくれる人に出会ったり、新しい展開やご縁が広がったりします。それほど計画的に進めなくても、まさかの展開で、ゴールにたどり着くこともあります。あなたにとって、一番ふさわしい時期に、ふさわしいことが起こります。

あなたを満たし、エネルギーを整えながら、思い浮かんだことを行動に移し、「あなたなりのやり方」を探していきましょう。**たったひとつの正解はなく、そもそも、すべてがトライ&エラーです。**

ここでひとつ気をつけてほしいことがあります。逆に不安にばかり意識を向けると、ポインドカードには「不安」「恐れ」がたまっていくのでご注意を！　**叶えたい夢があるなら、叶った時の気持ちで、行動することです。**

たった1の違いが、未来を変える

「好きなことを仕事にしたい」「転職したい」と思いながらも、将来の不安から、安定を手放す勇気がなく、ガマンしてしまいがちです。今の環境に甘んじ、あきらめてしまう人もいます。

春夏秋冬、生と死。うつりゆく世の中で、変わらないものは、何ひとつありません。安定は、それこそ幻です。**安定にこだわり、考えすぎてしまう人は、チャンスを逃します。**

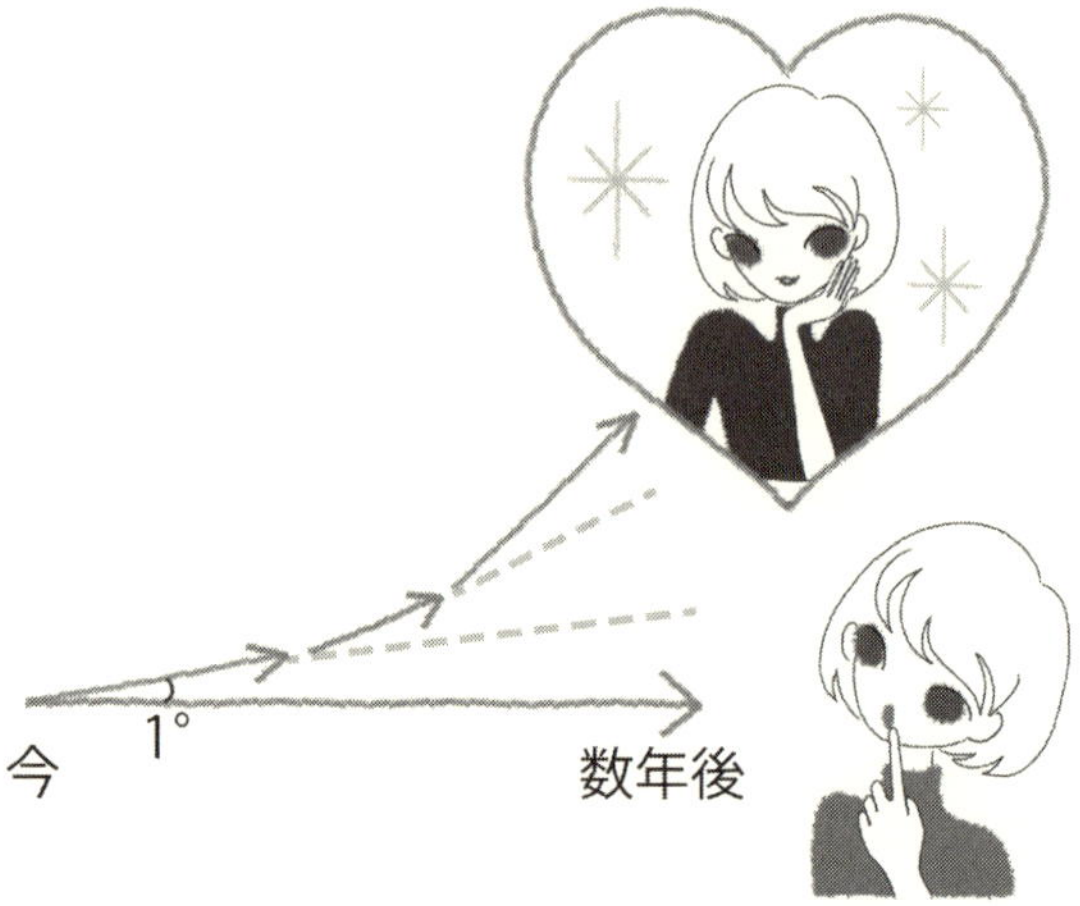

新しいことをスタートさせるには、パワーがいります。ゼロから1をスタートするのと、もともとある1を10にするのとでは、大変さが違います。前者のほうがはるかにパワーや勇気が必要です。それでも最初の小さな一歩を、踏み出すかどうかで、未来はまったく変わります。

こんな言葉があります。

「進む方向が、1°違うだけで、まったく違う場所にたどり着く」

たとえば、船が東（右）に進んでいたとしても、意思を持って、ほんの1°舵《かじ》を切り、進路を変えると、まったく違う場所にたどり着きます。

これと同じで、あなたが今いる場所から、ほんの1°方向性を変えてみるだけで、1年、2年たつと、いる場所がまったく違っています。

最初からパーフェクトを求めないこと。見切り発車でいいのです。やりながら考え、軌道修正していけばいい。実際に動いてみることで、新たな知識や情報も得られ、経験も増えます。さらに「知らない自分」に気づくこともあるでしょう。小さくやってみて、失敗して、その気づきを次に活かしたほうが近道です。気負わず、気楽に、ほんの1°、動いてみましょう。

＊グループメンタリングに来てくださった、カメラマンのYさんは、人の笑顔を撮るのが大好き。独立するためには「スタジオを持っていないと、信頼がない」と場所探しに奔走していました。

でも「なかなか、いいところがなくて」「スタジオを借りるだけのお金がまだなくて」と。私がお勧めしたのは、青空の下での撮影会です。費用もかからず、簡単に始められます。フェイスブックやインスタグラムに載せたところ、「Yさんの撮る笑顔はいい！」「奇跡の1枚♪」と口コミが広がり、いっきにお仕事が増えました。さらに「普段使っていない事務所があるから、よかったら使って」という方まであらわれたのです。

＊「メイクセミナーや、講演をしたい」と思っていたJさん。「どうやって人を集めたらいいか」悩んでいたのですが、話を聞けば数十名の大規模セミナーをイメージしていたことがわかりました。軽いノリで、まず身近な一、二人から始めることを、おすすめしました。やるにつれて自信もつき、どんどん輪は広がっています。「頭で難しく考えすぎなくていい。力を抜いて、軽やかに、楽しめばいいんだ」と言っていました。

会社をやめるかどうかを、迷う人もいますが、いきなり黒から白に変化しなくてもいいのです。たとえば、「会社にいながら、週末起業する→うまくいきそうなら、会社をやめる」というように、片足を会社に残しつつ、もう片足で、やりたいことに踏み出していくのです。そんな「**グラデーション退職**」もおすすめです。徐々にシフトしていくと、心の負荷も減ります。

「人事を尽くして天命を待つ」といいますが、**「天命だけを待ち続け、人事を尽くさない」**人があまりにも多いように感じます。人事を尽くしていないのに、「ご縁がなかった」「タイミングじゃなかった」と言い訳して、あきらめてしまうのは、もったいないことです。

やってみたいことや、気になることがあるなら、とりあえず、小さな一歩を踏み出すことです。1°舵を切ることで、未来はまったく変わります。**失敗したって、死ぬわけじゃありません。**動く前から、あれこれ妄想して、勝手に不安をふくらませないでください。大丈夫。それ、自作自演ですから。

「〜が好き」「楽しい」と思っても、実際に動いてみたら、「理想と違っていた」「本当にやりたいことではなかった」というのは、よくあることです。やってみたからこそ、「本当に求めているものが何なのか」に気づけたのです。

最初は純粋にワクワクしていたのに、規模が大きくなるにつれて、損得や周りの反応を考えすぎて、楽しめなくなることもあります。

道に迷った時に地図で、現在地やゴールを確認する感覚で、「本当はどうしたいの？」「何を求めているの？」と、自分に問いかけてみてください。

方向性やペースが違うと気づいたら、軌道修正すること。1°が違うまま、突き進んでしまうと、まったく望まない地点にたどり着いてしまいます。望まない道を進むほど、人生の時間は長くないのです。

人生はトライ＆エラー！

私も3年前、5年前の自分を思い返すと、「浅かったな〜」「もっと〜すればよかった」と突っ込みたくなることも多々あります。当時は、何もわからないままの船出でした。

それでも、浅はかなりに、その時々で、一生懸命だったと思うのです。未熟なりに、迷いながらつまずきながら、やってきたからこそ、3年、5年たった今、まったく違うステージにいることができるのです。

守りに入って、チャレンジしなければ、3年、5年たっても、成長していなかったと思います。

最初から、完成された自分を目指さなくても、あなたの志を大事に、傷つきながら、迷いながら、進んでいくほうが、気づきも成長も大きいです。不安を抱えながらも、自分の足で歩いていくのは、本当に楽しく、生きる喜びが実感できます。

世間に合わせて自分をおさえ、無難に生きる人生は、味のしない食事や、香りのない花のようなものです。

いろいろ実験してみて、違ったと気づいたら、すぐに方向転換すればいいだけのことです。そこには「学び」や「気づき」があります。

迷い、傷ついた分だけ、人に対しても優しくなれます。失敗するほど、心の器が大きくなります。

人生はトライ&エラーのくり返し。たったひとつの正解なんて、ないのですから。

「人生こんなもの」とあきらめたり、ガマンして生きる人は、
心を殺しているようなもの。輝けるわけがありません。

美しい人とは、容姿やスタイルの問題ではありません。
輝いている人とは、生まれてから一度も失敗せず、
心に傷のない人ではありません。

本当に美しく、輝いている人とは、
たとえ何が起きても、
それでも、あきらめず、立ち上がり、
自分を生き、命を輝かせている人です。

エネルギー貯金をしよう（お金・心・時間のバランス）

豊かさには、目に見えない**「心の豊かさ」**と、目に見える**「物質的な豊かさ（お金・時間）」**があります。

目に見えないことは忘れがちですが、嬉しい、幸せを感じながら、「心の豊かさ」の貯金を増やしていくことです。心が現実をつくります。

「心の豊かさ」と「物質的な豊かさ」の二つのコップをイメージしてみてください。

たとえば、ホテルのラウンジで１５００円のコーヒーを飲みます。優雅な空間で、とても幸せな気持ちです。

「物質的な豊かさ」のコップからは、1500円のお金が出ていったことになります。その1500円分のエネルギーはなくなったのではなく、「心の豊かさ」のコップに移っただけなのです。

たとえば、10万円の海外旅行に行ったとしましょう。「物質的な豊かさ」のコップからは、10万円のお金が出ていきます。

一方で、「行く前に、ガイドブックを見て心がときめく♪」「準備で、あれこれお買い物をして、楽しい♪」「現地の天気予報をチェックして、ワクワク♪」「旅行も、最高に楽しい！」「帰ってから写真を見て、また楽しさをリピート」と、幸せを味わうごとに、10万円以上のエネルギーが「心の豊かさ」のコップにたまっていきます（ただ「行く」だけでなく、「準備して楽しい」「行って楽しい」「帰ってきてからも楽しい」と何度も味わうことで、心の豊かさはより増えていきます）。

また、バーゲンでない時に2万円のワンピースを買ったとします。2万円、現金は減りましたが、その分「ゆっくり試着できた♪」「色柄・サイズも豊富で、納得のいくいい買い物ができた♪」「日常で着てみたら、いい♪」と感じる度に、「心の豊かさ」のコップは満ちていきます。

「幸せ」を味わい、いい気分になる度に、「心の豊かさ」のコップの貯金は増えていきます。

一方で、節約をしすぎたり、効率ばかりを求めると……お金や時間はたまり「物質的な豊かさ」のコップは満ちますが、**その分、「心の豊かさ」のコップの貯金が減っていくのです。**

たとえば「バーゲン品で安かったから」とか「まとめて3品買うと、お得だったから」とか。でも、あとで「やっぱりこんなに必要なかった」「安物買いをしてしまった」となれば、「心の豊かさ」のコップから引き算されます。

心の豊かさが、未来をつくります。**そして天に還《かえ》る時、残るのは心の豊かさだけです。**

ワクワクは、使命のかけら

何に惹かれるか、何にワクワクするか、何にときめくかは、その人の使命につながっています。

本音は、本当の「音」。本来の自分が発している音（バイブレーション）です。本音を言って、本当の気持ち（ワクワク、ときめき）に沿って生きると、自然な流れが起こります。

グループメンタリングでも、夢や使命を引き出していきます。表面的に「夢は？」と聞くと、「愛されて、お金持ちになり、幸せになる」という漠然とした答えが多いです。ただ、興味深いのは「もし何も制限がなかったら、何をしたい？」「なんでも可能だとしたら、どんな人生を生きたい？」とより深い問いかけをすると、メンバーが、まったく違う夢を語り出すのです。ワクワクや幸せを感じるツボも人それぞれ違います。本当に好きなことをやっている時の輝きは、圧巻です。

それもそのはず。人は誰もが、その人にしかない使命を持って生まれてきています。そして、自分の使命につながる時に、ワクワクや興味を感じるのです。だから人によって、ワクワクや興味のツボがまったく違うのです。

ということは、あなたが望むこと、惹かれること、ワクワクを感じることは、すべてあなたの使命につながっているということです。**そう、ワクワクこそ「使命のかけら」なの**

です。

「使命のかけら」を一つひとつ集めていくことで、あなた本来の居場所に運ばれ、使命につながっていきます。あなたが使命を生きる時、すべての流れが動きはじめます。

氏名は使命を表す！ あなたの名前に隠された大切なヒント

あなたは、自分の名前が好きですか？

氏名＝使命です。暗号のように、あなたの「氏名」には、「使命」が隠されています。

生まれてくる前に、「本当の使命に気づけるように」と、あなた自身が氏名を決めたのです（実際は親が決めたとしても、あなたがお腹の中で働きかけていたようです）。

名前に隠された意味を解き明かせるのは、あなただけです。なぜなら、使命の暗号を隠したのもあなたですし、あなたほど長く、自分の名前にふれ、あなたほど興味を持って解釈できる人は、他にいないからです。姓名判断や、音霊などもありますが、一部です。難しく考えずに、あなたの力になるよう、気持ちがあがるよう、都合よく、好きに解釈して良いのです。

たとえば、「鈴木真奈美」は、こんな風に解釈しています（あくまで、私の独断と偏見です！）。

・鈴木真奈美＝真ん中に一本線を書くと、ほぼ左右対称。バランスがいい。
・真奈美：真実の美しさ。リアル（真実）である姿は美しい。人のリアル（真実）の美しさに、気づき、引き出していく。
・真奈美：真善美にも近い字。
・マナ：ハワイの言葉で、「神様が持っている力」「生命力」を意味する。

・マナ：聖書で、モーゼがエジプトを出る際に、神様が天から授けた、聖なる命の食べ物。

ステキな名前だと思いませんか？　私は自分の名前が大好きです。同じように、あなたの氏名にも、ステキなメッセージが眠っているはずです。よかったら、解き明かしてみてください。

後悔のない人生を生きるために、大切なたったひとつの問い

・職場に違和感はあるけれど、転職するほどの勇気も覚悟もなく、流されている。
・安定している生活で、そこそこ幸せだけれど、時折、なんのために生きているんだろうと思う。
・忙しさにまぎれ、目の前のことをこなすのに精一杯。本当にやりたいことを考える気

力がない。

そんな風に感じている人は、とても多いと思います。なんとなく違和感がありながらも、結局、同じ日々をくり返していませんか？

毎朝、ほんの1分、鏡を見て、問いかけてみてください。

「今日が人生最後の1日だとしたら、本当に、今やろうとしていることをしたいですか？」

「はい」なら、あなたは幸せな人生なのでしょう。もし「いいえ」なら……今すぐ、仕事や今やっていることをやめないまでも、将来を考え直したほうがいいと思います。

人生の時間は、限られています。限られた時間、あなたが本当にやりたいことを、優先してください。**どうでもいいこと、やりたくないこと、後回しでもいいことに時間を費や**

すのは、人生の浪費です。

死ぬ間際に一番後悔するのは「何かやってしまった後悔」より、「やらなかった後悔」だそうです。「あれをやっていれば、人生違ったかな」なんて後悔しないよう、あなたは、あなたの道を、あなたの思うままに……。

感度をあげる「選択の基準」

直感を磨き、流れにのっていくには、感度をあげることも大事です。

ものごとを選ぶ基準は、二つあります。

①**心の声**：好きか、嫌いか
②**思考の声**：正しいか、間違っているか／損か得か

たとえば、

①・スターバックスで、キャラメル マキアートが飲みたい♪＝（心・好き）

②・カロリー高いよ。ブラックコーヒーにしよう＝（思考・正しい）

・少し歩くと、コンビニの100円コーヒーがあるよ。断然お得！＝（思考・損得）

たとえば、

①・素敵な食器が欲しい♪　あの百貨店に行ってみたい＝（心・好き）

②・まだ家に使える食器があったよ。これ以上増やしてどうするの？＝（思考・正しい）

・100円ショップだと、安いよ！＝（思考・損得）

選択する10のうち、普段、あなたは、どれくらいの割合で、①②を選んでいるでしょうか？　好きが2、正しいかどうかが5、損か得かが3くらいでしょうか？

大事なのは、どれだけ①の「好きか、嫌いか」で、選べるかです。「好きか、嫌いか」

で選ぶようになると、あなたの感度があがっていきます。

まずは、割合を少しずつ変え、「好きか、嫌いか」という心の声で、選ぶ機会を増やしましょう。

夢には旬がある

夢には、旬があります。

「今、やりたい」と思うなら、今すぐ、その夢に向けて動き出すと、流れが加速しやすくなるのです。

「これをやったらどうなるかな」「本当にうまくいくかな」「形になるだろうか」と先のことまで心配しすぎず、気になることがあるなら、動いてみることです。あれこれ先のことをシミュレーションしても、そのとおりになることはほとんどありませんし、逆に妄想は不安を呼び寄せます。

実際に動いてみると、新たな流れが生まれたり、まったく違う展開が起こり、実はそちらが本命だったということもよくあります。実は最初の一歩に意味があっただけで、一歩踏み出した時点で、すでに「その夢の役目」が終わったという場合もあります。当初の夢は、**本命につながるための「仮の夢」「入り口やきっかけ」**だったということです。**当初の夢にはこだわりすぎないのがコツ！**

先日、ＮＨＫのテレビ番組『プロフェッショナル 仕事の流儀』に、フラワーアーティストの東信《あずままこと》さんが出演されていました。東さんは、ＣＭやパリコレ、一流ブランドのショーウインドーなど、世界からオファーが殺到する、フルオーダーメイドのお花屋さんです。

ただ最初から、東さんが、お花屋さんを目指していたかといえば、そうではなかったのです。高校卒業後、ロックにのめり込み、バンドで成功したいと上京。でも、鳴かず飛ばずで、アルバイトを探されたのだそう。その時に、偶然目にしたのが、花屋のアルバイト募集！　軽い気持ちで働きはじめたそうですが、すぐさま花のとりこに。落ち込んでいる人すら笑顔にする花の力に、魅せられたのだそうです。一心不乱に花を学び、わずか2年で小さなお店を任されたのだそう。それが今につながる一歩でした。

東さんが「バンドでは食べていけないから」と、最初から上京をあきらめていたり、「お金をためてから」と行動を先延ばししていたら、この展開はなかったと思います。

「やってみたい」「こんな風になりたい」という今の夢は、きっかけや入り口であって、そこから「本命」につながっていくことも多いです。その夢が叶うかどうかではなく、**「やりたい」と思いついた時点で、今のあなたにとって必ず、意味があるのです。**

最初の夢に執着せず、自分を満たし、シンクロやひらめきに沿っていくと、考えもつかなかった展開につながることもあります。それが流れにのるということです。

「私が幸せにならないはずない♪」と、大きな流れを信じましょう。**プロセスはどうあれ、あなたは幸せのらせん階段を上っています。**どんな時も、さらに素敵なステージは用意されています。

すぐ飽きて、長続きしないのは、いけないこと？
〜アラカルト的な生き方

ひとつのことを成し遂げないうちに、次々に興味が移り変わる人がいます。

「石の上にも三年」というように、日本では、イチロー選手や職人のように、ひとつのことを続けるほうが美学とされています。ただ、人には2タイプあります。

①ひとつの道に没頭し、コツコツ積み上げる。極める「専門店」のようなタイプ。
②飽きっぽく、一度深くはまっても、あっさり次に移る。もしくは、いろいろとかけも

ちし、同時進行する「デパート（百貨店）」「総合店」タイプ。

②の「デパート」タイプは、ひとつのことが完結しなくても、次に興味が移っていく＝興味に沿って、あれこれ手を出していくうちに、自然と引き出しが増えていくのです。

②はあれもこれも、ちょこっとずつ食べるのが好きな「**アラカルト的な生き方**」です。

いい悪いではなく、どちらも「特性」なのです。

①の「専門店」タイプの生き方を否定するつもりはありません。ただもし、ひとつのことに注力できなかったり、続けられなかったりしても、そんな自分にダメ出しせず、その特性を活かしたほうが、ずっと楽しくなるし、充実していきます。続けられないことそのものに、悩む必要はないのです。

＊たとえば、クライアントの会社員Kさんは、チャレンジ好き。次々と好きなものごとや興味が移り変わっていきます。「本当に合った仕事を見つけたい」と、仕事の傍ら、華

道、茶道、ヨガ、パン教室、テーブルコーディネート、英会話など、習い事もたくさんしていました。ただ、たいていは、資格をとる手前で、飽きてしまうか、成果が出ないうちに、興味が次の対象に移り変わり、続かなかったのです。傍から見ると、「好き勝手やりすぎ」「継続力がない」と否定的な人もいました。

そんなKさんが、転職をくり返し、巡り合ったのが「コンシェルジュ」という仕事。これまでの経験がすべて糧《かて》となり、まさに天職でした。

＊同じく「デパート」タイプのMさんは、友人を招くのが好きな人と結婚しました。ホームパーティーでは、節約かつ時短のおいしい料理、華麗なテーブルコーディネート、お花を生けて飾ったり、話題が豊富だったりと、まさに独身時代の引き出しが、役立つ日々。毎日、とても楽しそうです。

＊私の友人でコンサルタントのTさんも、同じく「デパート」タイプです。好奇心旺盛で、新しいことはとりあえず試します。知識と経験の引き出しが多いので、どの業界のク

ライアントに対しても、スムーズに対応できています。

＊実は私も、会社員時代、自分磨きや自分探しをして、興味のままに、あれこれ学びました。華道、茶道、フラワーアレンジメント、テーブルマナー、カウンセリング、セラピー、ハーブ……数えればきりがありません。次々と興味の対象が変わり、当時は、ひとつのことが続けられないと、落ち込むこともありました。ただ気づけば、今、人様の可能性を引き出すお仕事をするなかで、すべてが役に立ち、フル稼働しています。

「デパート」タイプの人は、「ひとつのことを続けないと」とがんばるほど、ストレスがたまります。「興味や情熱の対象が、人より早く変わること」自体が特性なのです。飽きっぽいことはネガティブにとらえられがちですが、**飽きっぽいことも、ひとつの才能です。**

経験を重ねるにつれ、人生の引き出しが自然と増えていきます。

「いろいろ試して、いろいろな世界を見るのが好き」「やってみて楽しかった、以上マル」「飽きたら、あっさり新しいものに移る」でいいのです。あれこれ楽しめる自分にマルです。**それもひとつの生き方です。**

気になることがあるなら、中途半端でいいから、どんどんやってみましょう。ほんの少しでもやったことは、必ずあなたの中に残ります。**その積み重ねが、やがてダイヤモンドのように輝くことでしょう。**

迷った時こそ、「なんのために」という原点に還る

無色透明で、自分を出さずに、なんとなく無難に生きていると、当たり障りなく、安全

かもしれません。一方で、安全領域から出て、「自分の色」を表現していくと、世間からも、さまざまな反応が出てきます。思い通りにならないことやトラブルも起き、迷いや不安も生まれます。

そんな時こそ、意識したいのは、「**なんのために**」というそもそもの「原点」です。

山登りをする際にも、足元ばかり見ていると、道に迷います。それと同じで、トラブルが起きた時、障害ばかりに意識を向けると、動けなくなります。

・あなたは、なぜそれをやりたいのか。なんのためにやりたいのか。
・あなたは、誰の笑顔が見たいのか。
・どんな世界を願っているのか。

障害ではなく、ゴールに焦点（意識）を向けるのです。

「平らな道」なら、ゴールも障害もありません。

でも、あなたが「あの山に登りたい！」とゴールを決めると、もれなく「障害」もセットで出てくるのです。

この時、意識を障害に向けると迷ってしまいます。

「目の前の障害」でなく、「ゴール」に焦点を当てて俯瞰《ふかん》すると、視野が広がります。

鳥が空から全体を眺めるように、大きなゴールに目を向けると、障害がたいした障害に思えなくなったり、新しい道が目に入ってくることもあります。

本当に大事なゴール以外は、枝葉です。

問題を断ち切るために、効果的な言葉「それが何か？」

旅行の日が大雨になると、「よりによって、なんでこの日に」「ついていない」「この日に決めたのは失敗だった」と思うかもしれません。でも、「雨＝いけないこと」ではなく、「雨はただ、雨」ということです。

トラブルや望ましくないことが起きた時、無理に前向きにとらえようとしたり、心がザワザワしているのに、そのことを考えないようにするのは、かえって不自然です。

そんな時、心を静めるのは「**それが起きても、起きなくても問題はない**」「**それは一大事ではない**」というとらえ方です。そもそも、「今」問題だと思っていることも、「あなたの人生」というもっと大きな視点でとらえてみると、実は、たいした問題ではないことが多いのです。

「**もし起きたとしても、それが何か？**」「**もしそうだとしても、どんな問題があるの？**」と、断ち切るのです。

「大変なことが起きた」「なんとかしなくては」と思うから、その出来事が一大事になってしまうのです。「**もしかしたら、たいした問題ではないのかも**」と軽く流せると、心が穏やかでいられます。

心理学者のカール・ユングの言葉に、「**あなたが抵抗するものは存在し続ける**」とあります。あなたが意識を向けると、そこにエネルギーが集まり、「抵抗するもの」にかえって力を与えてしまうことになります。

また、何かに押しつぶされて、あきらめそうになったり、自分を小さくしそうになった時も、「◯◯ですが、それが何か?」と、そのレッテルをはがしてしまいましょう。

「お金(仕事)がないですが、それが何か?」
「学歴がないですが、それが何か?」
「シングルマザーですが、それが何か?」

◯◯だからといって、あなたが自分らしく生きることや、夢を追うことをあきらめなくていいのです。かわいそうな人でいなくてもいいのです。

どんな時も、あなたの心の状態は、あなたが選べます。

どんな状況でも、幸せは自分で決められる

うまくいかないと、「何が間違っていたんだろう？」「なんで私だけ？」と自分を責めたり、気が弱くなりやすいです。その代表が「病気」かもしれません。

私は仕事柄、「死や病気」に触れることも多いです。あくまで私個人の主観ですが、「死＝不幸」「病気＝かわいそうな人」というわけではありません。

それぞれ授かった命を、ただ精一杯生きるだけ。

どんな状況だって、幸せやあり方は、自分が決められるのです。

「病気だから仕方ない」とあきらめてしまえば、あなたの上に「病」がきて、支配されて

しまいます。**「病気だからといって、それが何か？」と、前述した「人生の三角形」の上に、あなたを置き直しましょう。**

そんな時に思い浮かぶのが、乳がんで亡くなられた、小林麻央さんです。34歳というのは、とても残念なことですが、病気という状況においても、彼女は人生の頂点に自分を置き、最後の最後まで、命をまっとうされたのでしょう。「病気に支配された、かわいそうな人」ではありませんでした。

私のクライアントさんにも、ガンなどで闘病されている方々がいます。「病気だから不幸」と嘆いてばかりでなく、「ガンのおかげで大事なことに気づけた」と、病気になる前より、生き生きと、日々を大切に過ごされています。驚くほど、優しい笑顔です。

命には、限りがあり、「死」は誰にでも平等に訪れます。命はあるのに、自分を生きていないほうが、ずっと哀しいことだったりします。

世界をつくるのは、あなた自身

中学生のなりたい職業トップ3に、ユーチューバーが入っていたそうです。

コンピューターの技術革新が進むなか、オックスフォード大学でＡＩ（人工知能）の研究を行うマイケル・Ａ・オズボーン准教授は「今後10年から20年程度で、人間の行う仕事の約半分が、機械に奪われる」と予測しました。

ＡＩによって、運転手不要で、車が自動運転される日も近いようです。技術を必要としない仕事やストレスのかかる仕事の多くは、いずれ、ロボットに置き換わっていくでしょう。

既存の枠が壊れ、今までならありえなかったこと、存在すらしなかったものが、スタンダードになる時代です。今までの価値観や常識で「こうあるべき」「こうしなくては」と、自分をしばっていても、取り残されるだけです。

「みんなと同じ幸せ」を目指し、競争し合う時代は、もう去りました。

- **「既存の枠に自分を合わせ、ガマンして生きる人」**
- **「やりたいことを好きなようにして、自由に生きる人」**

この二極化は、これからますます加速すると思います。

あなたは、どちらですか？

正解がひとつではない世の中。誰かがつくった枠や基準の中で、自分をおさえて生きるのではなく、あなたから始め、あなたからつくっていくのです。

世間の「幸せの形」に振り回されないでください。

幸せは人それぞれ。判断や選択の基準は、他人ではなく、あなたです。

あなたの選択が、あなたの人生をつくります。

第3章

うまくいかない時こそ、チャンスに切り換える

「自己否定」と「罪悪感」は、百害あって一利なし

第2章では、夢を叶える方法をお伝えしましたが、「どうしてもうまくいかない」という人もいるかもしれません。
うまくいかないのは、どうしてでしょうか？

本来のエネルギーを奪い、うまくいかなくなる一番の原因は、「自己否定」と「罪悪感」です。

この世界に、あなたはたった一人です。あなたの人生に必要な情報（直感、ひらめき）を受け取るのも、選択するのも、すべてあなたです。あなたの個性を活かして、表現することも、「あなた」にしかできないことです。

そんなあなたを否定し、傷つけ、生命力を奪ってしまえば、あなたを導くコンパスの力が弱まります。

「自己否定」と「罪悪感」は、百害あって一利なしです。

宇宙のエネルギーは、本来、慈愛です。自己否定は、その真逆。自分を否定している状態では、全力で宇宙の流れに逆らっているのと同じで、本来の力は発揮しにくくなり、願いも叶いにくくなります。

まず、「**自己否定**」についてです。

Aさんは優先したい仕事がまわってきて、前から楽しみにしていたコンサートに行けなくなりました。払い戻しのできないチケット代は3万円と高額！「あ〜、なんでもっと早く仕事の予定を組めなかったんだろう」「損しちゃった」「やっぱり行けばよかったかなぁ」と、自分を責めて、悲しくなってしまいがちです。でも、そうではないのです。

失った「3万円」より、「あなたそのもの」の価値は高いのです。3万円で、あなたの心をチクチク傷つけていたら、本末転倒です。そのキャンセルによって、あなたは優先したい仕事ができたのです。そのほうがよかった！と、気持ちを切り換えていきましょう。

「お金がもったいない」「キャンセル料が高い」ではなく、その時のあなたが「どちらを選びたかったか」が大切なのです。軸はあなたです。

失敗したこと、失ったモノで、自分を責めないこと。
何よりも、人生の頂点にあなたを置くのです。

あなたがあなたを扱うとおりに、世界もあなたを扱うので、自分で自己否定しておいて、世界だけがあなたに優しいということはありえません。

あなたを大事に扱い、失ったものに執着しなければ、代わりにもっといいモノが入ってきます。

「罪悪感」は、勝手に、自分で自分にかけた呪い

続いて、「**罪悪感**」についてです。「自己否定」と同じく、「罪悪感」も、あなた本来のエネルギーを奪います。

「自分を優先すること」「好きなことだけをすること」に喜びを感じる人がいる一方、それをなぜかイケナイことだと、ためらいを覚える人がいます。

「こうあるべき」「これが正しい」「これはいけないこと」と、勝手に自分で思い込み、それが守れないと、「悪いことをしてしまった」「ごめんなさい」「申し訳ない」と思ってしまうのが「罪悪感」。

「罪悪感」は、勝手に、自分で自分にかけた呪いです。

罪悪感を覚えていることをやってしまうと、申し訳なくなったり、苦しんだりします。また、自分が罪悪感を覚えていることを他人がすると、心がザワツイたり、怒りを覚えます。すべて、自分が勝手に抱えて、反応しているだけです。

なぜ自分で自分に呪いをかけるかといえば、決められた枠の中で、枠に合わせて生きないと、愛されない、好かれないと、勝手に誤解しているからです。

罪悪感を覚え、腹が立ったり、逃げ出したくなったら、そこにどんなマイルール「すべき」「してはいけない」があるのか、気づくきっかけにしましょう。あなたが勝手に呪いをかけているだけで、ただの出来事だということに気づくはずです。

世界で一番あなたを責めているのは、実はあなたかもしれません。罪悪感で、過去を後悔し、責めることは、尊いあなたから、エネルギーを奪うだけです。

自分をいたわる人に、チャンスが訪れる

あなたがあなたを扱うとおりに、世界もあなたを扱います。あなたが自分を大事に扱うと、他人も大事に扱ってくれるようになります。自分を「ダメ」「たいしたことない」と傷つけると、周りからも見下されたり、冷たい態度をとられたりします。

多くの人は、気づかないうちに、自分のことは雑に、乱暴に扱ってしまいやすいのです。他人に対しては、失礼極まりないと思えることも、自分には平気でやってしまうのです。

大切な人に接するように、自分にも接してください。

たとえば……、

・一杯の紅茶。好きな人には、ステキなカップで出すのに、自分は100円均一のカップで、とにかく飲めればいい。

・賞味期限切れのプリン。本当に大事な人には食べさせられないけれど……自分ならつい「まあ、いいか」「大丈夫」と、食べてしまう。

・夢があっても、「私なんて」「どうせダメ」と否定してしまう。

・疲れているのに、「もう少しがんばれ！」「みんなやっている」と、ついムチを打ってしまう。

ちょっとした場面で、自分と、大切な人への接し方は違うものです。

積もり積もると、「本当のあなた」は、心の奥で傷ついたり、悲しんだりしているのです。

「自己否定」や「自分いじめ」は、それにふさわしい現実を招きます。さらに、あなたの中にたまり続けたマイナスエネルギーは、問題やトラブルを引き起こします。周りに気を遣いすぎるより自分を大切にしたほうが、結果的には、人間関係も環境もうまくいくようになります。

・本当に大事な人なら、**どうする？**
・本当に大切な人になら、**何て言う？**
・この扱いは、大切な人に**ふさわしい？**

簡単に、できることから、始めてみてください。何よりあなたを満たし、大切にしましょう。

自分をちゃんといたわってあげると、あなたの内側にパワーがたまり、新たなチャンスを呼び込んでくれます。

難しいことを簡単に変える「逆転の口ぐせ」

何か新しいことをする時、すぐに「**難しいです**」と言う人がいます。いろいろなことを学び、たくさん知識や情報を持っていても、なかなか成功しないのは、最初から、ブレーキをかけてしまうからなのです。

「難しい」という言葉を口に出した瞬間、「難しい」「できない」「やっぱり無理だよね」というマイナスのイメージがすり込まれ、思考や行動にブレーキがかかります。実際には簡単なことでも、本当に難しくなります。

グループメンタリングでワークをする前に、「難しい。できない」ではなく、「**できる。**

慣れていないだけ」と言い換えていただくことで、難しいワークでも、大半がすんなりできるのです。面白いくらいに。

新たなチャレンジが難しいと感じるのは、「能力がなくてできない」のではなく、「ただ慣れていないだけ」なのですから、慣れるまでやればいいのです。**足りないのは、能力ではなく、経験です。**

「**難しい。できない**」ではなく、「**できる。慣れていないだけ**」と、言葉だけでもプラスに変えてみてください。

すると「慣れていない」＝「やればできる」＝「そもそも潜在能力はある」と、新たに脳にインプットされます。

問題を解決するシンプルな方法

前にも書きましたが、「夢」ができると、「障害（思いがけないトラブル、批判、反対する人など）」もセットで生まれます。なかなか解決しない時、いい対応策や答えが見つからない時には、気づけば、そのことばかり考えてしまいがちです。不安はさらなる不安を呼び込みます。そういう時は、できる限りの対応をした上で、**いったん、問題から心を離しましょう。**

どんなに悩んで笑っても、ダメな時はダメだし、うまくいく時は、うまくいきます。「**なるようにしかならない**」と、割り切りましょう。

その上で、日々を丁寧に過ごしたり、好きなことをしたりして、気持ちをあげていくのです。

・無心でお掃除したら、心がスッキリ

・旅行好きなら旅行雑誌を眺め、「今度はここに行きたい」とワクワクする

・お気に入りのカフェで、ボーッと過ごしリラックス

・自然の中で、ゆっくり過ごす。大きな木を抱きしめたり、素足になって大地を踏むと、地球のエネルギーを充電できる

もちろん、不安な時に心から楽しむのは難しいかもしれませんが、問題から少しだけ心を離し、気持ちをあげていくのです。楽しいと、エネルギー値はあがり、流れが変わります。

仕事もプライベートも人間関係も家族も恋愛もパートナーシップもお金も、一見、バラバラに見えるすべての根本は、実はつながっています。**一部がよくなると、それに連動して、自然と他の部分も変わっていくのです。なるようになっていきます。**

すんなり問題を乗り越えられたり、ふと解決策を思いついたり、いつの間にか状況が変わり、自然と問題が解決されることもあります。意味がないと思っていたことが、うまくつながって、解決に導かれることもあります。

問題は、それをつくりだした時と同じ意識レベルでは、解決できない。

（アルベルト・アインシュタイン）

過去はすべてパーフェクト

「あの時もっとこうしておけば」「もっと違った現実があったはず」と過去の選択を後悔し、責めたくなることも、時にはあるでしょう。でも、人生はやってみないとわかりません。失敗しないと気づかないことばかりです。

すべては起こるべくして起きたこと。
失敗も含め、これまで起きたすべてのことは、ベストだったんです。

「どうして、こうなったんだろう？」「誰のせい？」「何を間違えたんだろう？」と思う気持ちもわかりますが、**意味や原因は、必要以上に、掘りさげなくていいのです。**自分のせいでも、誰かのせいでもない。ただ起きたことは、すべて必然だったということです。

程度の差はあれ、がんばっていない人などいません。どんな出来事であっても、あなたはその時なりに、できることをやり、ベストの選択をし、精一杯生きてきた。その結果が今なのです。その気づきがあったからこそ、次のステージに進めたのです。**過去はすべて、パーフェクトです。**

たとえ、「もっといい選択」があって、過去のあなたがそれをしなかったからといって、悪かったわけではないのです。また、その「もっといい選択」をしたとしても、本当に望んだとおり、未来が幸せになっているかは、誰にもわかりません。迷って選んだ結果は、ほとんど同じというケースもよくあります。**もう、過去の呪縛から、あなたを解き放ちましょう。**

過去を肯定するとは、開き直ったり、失敗をないものにすることではありません。**過去から今までの「自分のすべて」を認めることなのです。**たとえ、思い通りにいかなくても、結果を出せなくても、いつもあなたなりに最善を尽くしてきた。そんな過去の選択や決断、今までの生き方に、すべてマルです。

見方を変えるだけで、本来のチカラが目覚めはじめる

①DO（行動・経験・意見）

②HAVE（結果や成果・持っているもの）
③BE（人格・存在価値・その人そのもの）
というとらえ方があります。

赤ちゃんは、いるだけ（BEの存在価値）で愛されますが、成長するにつれ、学校や社会では、DOやHAVE（成績や成果、収入、仕事の内容）で評価されるようになります。DOやHAVEができないとダメ、価値がないと思われがちです。

たとえば、
・DO：仕事でミスをした。上司に怒られた↓自分を責める
・HAVE：収入が低い↓友人より稼げない私ってダメ
　　結婚していない↓独身の私は、何か足りない
となりがちです。

同じように、

「○○の仕事をしているから」（DO）
「○○万円稼いでいるから」（HAVE）
「○○を持っているから」（HAVE）
だから、「すばらしい」「優れている」「価値がある」と思いやすいです。

そうではないのです。

「行動（DO）」と「存在価値そのもの（BE）」を切り分けるようにして、二つをリンクしないでください。DOやHAVEだけで、自分や人の価値をはからないことです。

「○○の仕事をしている」＝「すばらしい」ではなく、○○は、その人のほんの一部にしかすぎないのです。そうやって見方を変えることで、制限が外れ、あなた本来の力が引き出されていきます。

「どんな自分も最高！」でうまくいく

同じように、あなた自身についてもDO（行動）とBE（存在）を結びつけず、分けて考えることです。

自分の嫌な面に気づいて、受け入れがたいと思った時も、**「そういう自分もありだよね」「そういう時もあるよね」**と受け入れ、許していくのです。

ダメなところもOK。

嫉妬まみれな自分もOK。失敗した自分もOK。

どれもあなたの一部。どんな自分にもマルをつけて、受け入れるのです。

たとえば、あなたが仕事で大きなミスをして落ち込んでしまったとします。失敗したのは、あなたのほんの一部です。「こういう面もある」「それも私」と受けとめるだけ。他にも、がんばっている面、よくやっている面はたくさんあります。**ほんの一部の失敗で、過去やあなたすべてを責める必要はありません。**気づいたら次に活かすこと。それだけで、流れは新たに変わります。

「ダメな自分」「かわいそうな自分」、そんな想いをため込むと、あっという間に不幸な自分ができあがります。**どんな面もただの一部です。**

「〜ができたからすごい」「できないからダメ」ではなく、前にも書いたとおり、**できてもできなくても、あなたの価値は変わらないのです。どんなあなたも尊いのです。**どんな時も、「よくやっているね」「がんばっているね」「大好きだよ」と、あなた自身を励まし、優しくいたわりましょう。

そのままの自分を受け入れることができると、周りの人や出来事にも、いちいちイライ

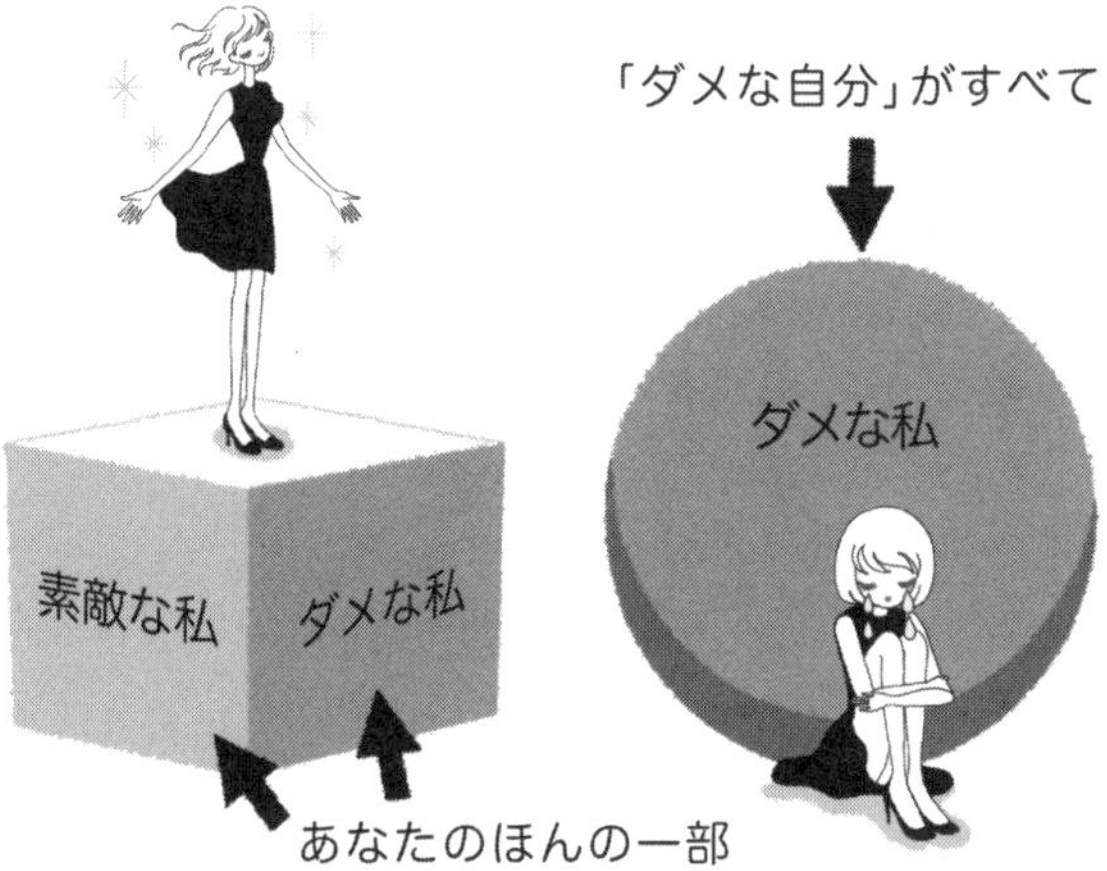

ラせず、寛容になっていきます。他人に対しても「**あの人はそういう人だよね**（**いい意味で、仕方ない**）」と受け入れ、過剰反応しなくなっていきます。

自分や他人をそのまま肯定できるようになると、これまで自分や他人に向けていた、責めや不満のネガティブエネルギーが解放されていきます。今まで、どれほど、ネガティブなことに意識を向け、莫大なエネルギーと時間を費やしていたか、きっと驚くことでしょう。グループメンタリングの卒業生から、自分を責めることが減ったら「**頭がヒマになった**」という声もよく聞きます。

あなたが思っている以上に、あなたはすばらしいのです。

一方で、あなたは自分で思っているより、実は、ずっとダメな人間で、たいしたことはないのです。

両方があることを、知っておいてください。


どんな自分も最高です。

手放すと入ってくる、不思議な力学

グループメンタリングの卒業生Oさんのお話です。

Oさんが長年求めていたゴールは、「白馬の王子様が迎えに来て、結婚すること」でした。

「世間のみんなが普通にできていることが、どうして、できないんだろう」「何が足りないんだろう」「どうしたら結婚できるんだろう」と焦り、そのことばかり考えるようになっていたそうです。

「まだ、やり残していることがあるから、結婚できないのかも」と、会社をやめ、好きなことを始めても、出会いはない。婚活をがんばっても、うまくいかない。お金と心はすり減るばかりで、落ち込んでいました。「結婚できない自分＝ダメな自分」という不安は、募る一方。


そんな時に、私のメンタリングに参加されました。

・「結婚＝幸せ」「結婚してこそ一人前」
・一人はさみしい。ひとりぼっち。不幸
・結婚している人は勝ち組、していない人は負け組

・結婚できれば、金銭的な不安、老後の不安もなくなる
・「何かが足りないから結婚できない」のなら、「何か課題をクリアできたら結婚できる」

Oさんは、そんな世間の思い込みにはまり、流されていた、と気づきました。同時に、「今の自分はフリーターで、独身だけれど、それなりに、幸せなんだ」「何かが足りないからといって不幸じゃないし、傷つくために生きているわけじゃない」と思ったそうです。

それからのOさんは、結婚に執着するのをやめ、自分らしい人生を生きたいと思うようになりました。

人生という三角形の頂点に、自分を置いたのです。

Oさんからのお手紙です。

「結婚相談所を退会して、心機一転、私らしい人生をスタートした頃に、今の主人に出会い、結婚しました。あんなに思い悩んでいたのがウソみたい。手放した途端に手に入ったことにびっくりです。この苦しかった十数年はなんだったんだろうと思うほどです。でもあの十数年があったからこそ、今の自分があることもわかっています。

真奈美さんの言うとおり、人は誰もが幸せになるために生まれてきているんですね。だったら、望んだものが手に入っても入らなくても、私は私らしく生きようと、ようやく思えました」

強く求めすぎると逆に「足りない」という意識を強くすることになります。「もっと〜したら、彼が結婚しようと言ってくれるかも」「〜ができたら、パートナーに出会えるかも」となると、自分の幸せは、相手次第になります。三角形の頂点に自分を置き、執着を手放すと、必要なことが、ふさわしいタイミングで訪れます。

運気を上げる最大のコツ

「外部要因（条件）や起きた出来事」と、「幸せ」は必ずしも関係ありません。
「○○だから幸せ」ではなく、「△△でも幸せ」「△△なのに幸せ」なんです。△△にはネガティブワードを入れて唱えてみてください。

もし……、

・学歴がなくても、
・仕事がなくても、
・お金がなくても、
・なんでも話せる友だちがいなくても、
・独身でも、離婚しても、

・子どもがいなくても、
・病気であっても、
・ひとりぼっちのように孤独を感じても、
・望みが叶わなくても、
・どんな逆境に立たされていたとしても、

それでも、幸せ。それなのに、幸せ。何がどうあっても、大丈夫。

最初は、違和感があっても構いません。違和感がなくなるまで唱えてみると、心のブレーキがゆるんでくるはずです。

「あってもなくても、幸せ」と、とらえてみることが、運気を上げる最大のコツ！「あってもなくても、幸せ」と思えると、今を肯定できます。すると、不思議なもので、さらなる幸せが引き寄せられてきます。

今、持っているものが、すべて同じだとしても、不平不満で嘆くか、「今、幸せ」と感じるかで、未来はまったく変わります。

夢が叶っても叶わなくても、あなたは今、もうすでに幸せなんです。

「Something happy」に気づくと、幸運が訪れる

SNSを見ると、華やかなキャリアや、充実した仕事ぶり、旅やランチ会、結婚、子育て、みんな幸せそうです。そんな幸せそうな人と比べると、自分の足りないところばかりが目に入ってきます。

ただ、世の中で、

「ありとあらゆる、すべてを手にしている人」がいないのと同じで、

「すべての人が、必ずSomething happy（幸せな何か）」を手にしています。

容姿なのか、才能なのか、性格なのか、家族なのか、パートナーなのか、子どもなのか、周りの人間関係や友人なのか、学歴なのか、キャリアなのか、経済力なのか、健康なのか、ペットとの暮らしなのか、趣味や夢中になれるモノがあることなのか、住環境なのか、幸せなポイントは、人それぞれです。

満たされないのは、「あるもの」より「ないもの」に意識がフォーカスされているから。不満を感じる時は、自分の中にすでにあるものを、十分に感じとれていないのです。きっと幸せのハードルが高くなっているのでしょう。「小さな幸せは、幸せじゃない」「あの人よりもっとステキな幸せを！」と。でも、日常には、気づかないほど小さな幸せや恵み（Something happy）が、散りばめられているのです。

「すでにあるという前提」で、自分に、問いかけてみてください。

「今、身近にあるSomething happyは、何だろう？」
「恵まれているとしたら、どこだろう？」

・ご飯がおいしくて、幸せ
・お風呂に入って、リラックスして、幸せ
・眠るところがあって幸せ
・呼吸ができて幸せ
・空が青くて幸せ。雨でも幸せ
・平和な日本にいられて最高♪

そういう目で日々を見なおしてみると、あなたの日常に、たくさんの幸せが、**すでにある**ことに気づくはずです。

周りから「真奈美さんは、幸せでいいですよねぇ」と、よく言われます。もちろん、私は幸せです。それは、すでに「手にしているもの」に目を向け、「あるもの」に感謝しているからだと思います。一方で、足りないもの、持っていないものもたくさんありますが、気にしないようにしています。気にしても、不安や不満が募るだけで、何にもならないということも、よく知っているからです。

足りないものを数えて嘆けば、運気は下がります。一方、今、置かれている環境で、すでにある幸せを探し、自分で自分を満たして「ありがたいなぁ」と気づいた瞬間に、幸せな未来への扉が開けます。

やる気が出ない、しんどい想いをしているあなたへ

なぜか、やる気が出ない……という時はありませんか？　やる気は絞り出すものではな

く、わいてくるものです。**「やる気がない＝いけないこと」**と思うから、**「問題」になってしまうのです。**エネルギーのない時に、無理にがんばると、心がボロボロに枯れてしまいます。時が満ちれば、何かをやりたくなる瞬間は、必ず訪れます。

長い人生、いろいろなモードがあります。

どんなにやる気がなくても、やりたいことが見つからなくても、ご飯は食べるし、夜は眠りにつく。あなたの体は、ちゃんと働いてくれています。あなたの細胞は、日々分裂をくり返し、新たに生まれなおしています。あなたに感謝されなくても、あなたの頭は、あなたの人生がより良くなるよう思考し、あなたの心臓は、片時も休む間もなく、血液を全身に送り続けています。

あなたが気づいていないだけで、**あなたの命は、どんな時も働き続け、輝いています。**あなたがどんな状態であっても、本当は、なんの問題もないのです。

生きるのがしんどい人、虚《むな》しさを感じる人は、**逆に、「生きたいという想い」が明確に**

あり、本当はもっとキラキラ輝きたいと願っているんです。「生きたいという想い」が明確にあるからこそ、逆に、表現手段が見つからない時、うまくいかない時に、日々がつまらなくなったり、絶望を感じたり、しんどくなってしまうのです。

時には、弱さを見せてもいい。かっこ悪くていい。

みんなと一緒じゃなくていい。自分勝手でいい。
失敗してもいい。バカにされてもいい。
人から認められる何かを、持っていなくていい。
本心を言っていい。
やりたいことをやり、好きなように生きていい。

そうやって、自分の弱さや闇を受け入れていくと、逆に光も輝きはじめます。

闇と光は、一対です。

闇だけ押さえ込んで、光だけが存在するなんてことは、ありえません。

どんな時も、笑顔で、前を向こうとするのは、しんどいことです。

虚しさから抜け出すために、無理に元気に振る舞ったり、「答えを外に求め、他人と同じ人生を歩む」のではなく自分の内につながり、心や直感を大事に、動いてみてください。

永遠に、ずっと幸せでいられる方法

「将来のことを考えると、いろいろと不安になります」「どうしたら、ずっと幸せでいられますか?」という質問をよくいただきます。**「そもそも、永遠に続く幸せはない」と知っておくことだと思います。**

幸せも、はかないものです。夏に茂った木々が、秋になれば落ち葉になるように、美しい花が、枯れていくように、どんな感動も幸せも、やがて消えていきます。どんなに仲のいい人とも愛する人とも、最高に幸せな状態をずっと続けていくのは無理なこと。いずれ別れを迎え、大切な人の命もあなたの命も、やがて天に帰ります。永遠に同じ幸せが続くことはなく、幸せの質や種類も、瞬間瞬間、変わっていきます。

そもそも、「日向ぼっこして幸せ♪」「おしゃべりして楽しかった♪」「好きなお花を買えて、嬉しい♪」も、その時だけの一瞬の幸せで、消えてなくなります。どんな幸せも、長く続きません。**消えるものにこだわり、つなぎとめようとするから、不安になるのです。**

私は去年、最愛の犬（ショパン）を亡くしました。事故で、突然のことでした。朝は元気だったのに、たった1日で、あっという間でした。ショパンは、私がどんなに夜遅く帰ってきても、飛びついて歓迎してくれました。本を読んでいる私の傍らで、いつも寝そべっていました。その当たり前の日常が、一瞬でなくなりました。あの時、「いつも当たり前だと思っていた幸せ」は、当たり前ではないと痛いほど気づかされました。

同じように、今、あなたが当たり前に思っているモノコトや人も、失えば、きっと大騒ぎです。**ためしに今あるものが、突然なくなった時のことを思い浮かべてみてください。**

きっと、周りや人を見る目が変わり、感謝の気持ちがわいてくるはずです。

当たり前のものなど何ひとつなく、すべてがはかないからこそ、その一瞬が尊く、ありがたい（有り難い）のです。

「幸せだなぁ」「ありがたいなぁ」は、ひとつです。

COLUMN

02

Nothing to lose.
～失うものは何ひとつない

この広い世界で、「私のもの」って、何ひとつない。
そもそも、最初は何も持っていなかった。

親もパートナーも、子どももも、家族も、友だちも、大切な人も、
住んでいる家も土地も、
人気も信頼も、地位も名声もお金も、
若さも、いのちや体さえも、すべてが一時的な「借り物」。

「自分のもの」「相手のもの」と思うから、よくばって、すべてを手に入れたくなる。
得たものを失うのが怖くて、握りしめようとするから不安になる。

失ったものを、なんとか取り戻そうとするから、心にひずみが生じる。
離れる人を、引き止めたいと執着するから、苦しくなる。

「失ったら不幸」と思い込んでいるけれど、
それでも、今、手にしているすべては、いずれ必ず、失います。

すべてが一時的な借り物だとしたら……、
差し伸べてもらった優しさや親切は、感謝して、受け取ろう。
ご縁があり、巡り会った人には、心を尽くそう。

失わないようにと、時間やエネルギーを費やすのではなく、
本当にやりたいことをやろう。今を生きよう。

授かった命は、大切に使っていこう。
いっぱい受け取り、いっぱい愛され、いっぱいお返しししていこう。

そして、日々の何気ない暮らしを、丁寧に生きよう。

人生の最後、手元に残るものは、ごくわずかかもしれない。

でも、「私」を通して、きっとたくさんの幸せや笑顔が、世界に広がっていくはず。空っぽになった手には、きっとたくさんの幸せが残っている。そんな風に生きていきたい。

Nothing to lose.
すべて借り物だとしたら、人生で、失うものは何ひとつない。

第4章

他人に
振り回されない

人生の「主役」はあなたです

どんな人でも、その人の「人生」という世界では、「**主役**」です。どんなに目立っていても、輝いて見えても、あなたの人生に登場するあらゆる人は、すべて「**脇役**」。主役はあなたです。

うらやましく思える相手は、「あなたの未来の姿を気づかせ、あなたの人生がより良くなるように」、トラブルを起こすあの人は、「そのトラブルを乗り越えれば、あなたが大きく成長できるように」、その「脇役」を演じてくれているだけなのです。

あなたの人生なのに、目立たないよう、できるだけ波風を立てないよう、人目や顔色を気にして気持ちをおさえ、「脇役」のような人生を送っていませんか？

「いつか、誰かが、なんとかしてくれて、人生大逆転！」なんて、人生を他人任せにしないこと。

本当は誰もが、主役として、輝いて生きたいはずです。そして、あなたにはできます。

誰かにスポットライトを当ててもらうのを待つのではなく、好きなこと、やりたいことを全力でやってください。あなたを満たし、自分を生きてください。たとえ失敗したとしても、すがすがしいはずです。やってダメなら納得もいきます。

一方、あなたの人生において、あなたは

「主役」ですが、他人の人生においては、「脇役」です。他人の人生に、あなたが割り込んでコントロールをしたり、否定するのはおかしいですよね。マイルールを、人に求めないようにしましょう。

あなたが人からとやかく言われたくないのと同じように、相手も、あれこれ言われたくないはずです。それぞれ別の人生として、尊重したいものです。


主役といえば、たとえば、わかりやすいのが洋服の色。

特に女性は「華」なんです。誰もがその人にしか放てない、華やかさがあります。ところが、幸せになりたいと思いながら、くすんだ色を着ていませんか？

もちろん、本当にその色が好きならいいんです。

ただ「無難だから」「目立たないから」という理由で、自分で自分に「脇役の色」を着せておきながら、主役を生きたいというのは矛盾です。心ときめく色を身にまといましょう。

「現実は厳しい」と言われた時には

あなたの夢を、誰かに話した時に、「それはわかるけれど、無理じゃない？」「あなたには向かないと思う」「もっと安定した仕事のほうが……」「夢ばかり見ていないで、現実を見なさい」などと、言われたことはありませんか？　夢ができたり、新しいことを始めようとすると、足を引っぱる人や反対する人が現れます。

たとえば……、

・「こんなことやりたい」と言うと、「現実はもっと厳しいよ」
・転職したいと言えば、「生活レベル、下がるよ」
・結婚が決まったと話せば、「もっといい条件の人がいるんじゃないの？」
・夢を語れば、「食べていけるの？」「人生そんなに甘くないよ」

やる気になっている人に対し、否定するようなことを言う人はたしかにいます。あなたなりに一生懸命考えたことを、否定されたらやっぱりショックですよね。さらに、相手の言葉に、あなた自身の中にある「不安」も反応します。「そうだよね」「やっぱり私なんかには、無理だよね」と、ついつい納得してしまい、心の灯りが消え、夢をあきらめてしまう人は少なくありません。

「今もそこそこ幸せだから」「高望みしなくても、まぁこれくらいでいいか」。そうやって、自分に言い聞かせ、夢や本当の気持ちを押し殺してしまうのは、とても残念なこと。

その人にとっては無理でも、あなたには違うのです。だって、その夢が思い浮かぶというのは、あなたはもうすでに、一段上のステージを見ているのですから。

彼らの「現実」がそのまま、あなたの未来に待っているわけではありません。あなたの力を見くびらないことです。

そもそも、夢は、今までとは違う、新しいステージでの話。それを今と同じステージの人に相談して、否定されるのは、ある意味当然です。冒険をしたことのない人に、冒険をわかってもらおうとしても、それはしょせん、無理なのです。

あくまで人のアドバイスは「参考程度」にとらえておきましょう。「世間で正しいと言われているから」「有名な◯◯さんが言ったから」ではなく、大事なのは、（そのアドバイスを聞いて）「あなたはどう感じたの？」ということです。違うと思ったら、「**あなたはそう思うんですね**」「**それはあなたの意見ですね**」と、やんわり境界線を引きます。人生の主導権を取り戻してください。

あなたの未来は、今のあなたが、ここからつくっていくのです。

迷った時、相談するなら、ウォルト・ディズニー

「類は友を呼ぶ」のことわざ通り、人の意識は、身近な人の思考や行動パターンをコピーします。誰に会うか、どんな思考の人にふれるかは、あなた自身の意識や行動に大きな影響を与えます。

夢の相談をするなら、夢を叶えてきた人、欲しいものをすでに手に入れている人、パワーピープルです。

こんな想像をしてみてください。

今、あなたは、パワーピープルや、夢に向けて挑戦し続けた人たち（たとえば、ウォル

ト・ディズニーやスティーブ・ジョブズなど）と一緒にいます。

あなたが「○○になりたい」「こういうことをやってみたい」と相談した時、彼らなら、どんなアドバイスをしてくれるでしょうか？

「おもしろそう！」「いいねー！」と応援してくれたり、「もっとこうしてみたら？」「それなら、○○さんを紹介するよ」とポジティブなアドバイスをくれるでしょう。そういわれれば、「なんだかうまくいく気がする！」「できそう」と前向きに思えるはずです。それを、一つひとつ実践していくことです。

もしあなたの夢を否定する人がいたとしたら、その人は自分の夢を否定し続けた結果、今のステージにい続けたのです。一方、夢を叶えてきた人たちは、あきらめずに「**どうしたらうまくいく？**」と、挑戦してきたから、夢が叶ったのです。

つき合う人は、あなたに大きな影響を及ぼします。運がいい人、幸せに成功している人とつき合えば、自然と影響を受け、あなたの状態も変わっていきます。

夢を夢で終わらせたくないのなら、相談する相手を間違えないことです。あなたが願うことなら、簡単にあきらめないで。

ピンチやトラブルが起きた時、やりたい仕事だけれどプレッシャーがつらい時には、こんな風に自分に問いかけてみてください。

「もし、あこがれの彼らなら、
この状況で、どんな行動をするでしょうか？」

自分の人生に責任を持つ。「自分の人生なので」

先日、結婚・妊娠を発表されたある女優さん。詳しい事情はわかりませんが、

「25歳まで恋愛禁止の事務所ルール」

「たくさんの事務所関係者やスポンサーに迷惑がかかる」

「先輩の女優さんも、これまでガマンしてきた」

……等々、いろいろな制約があったようです。

それでも、彼女は結婚に踏み切りました。過去のインタビューでは、「**でも、私の人生なので**」と。

彼女一人が好きなように動くことで、どれほど多くの人に、迷惑がかかるか。そんなこ

と、ご本人が一番よくわかっているはず。それでも「自分の人生」を最優先。「**私の人生なので**」と。彼女は、人生の頂点に自分を置いていらっしゃるのだと思います。

自分主体で生きると、時に、誰かに迷惑をかけたり、誰かの気分を害することもあります。それなりのリスクや責任も伴うでしょう。**でもどんなに他人が幸せでも、自分の犠牲の上にしか成り立たないのなら、虚しい人生です。**

社会のルールや人への気遣い、気づけば自分のことは後回し。「できるだけ周りに迷惑をかけないように」と自分をおさえて生きる人は多いです。人生の下敷きになり、虚しい、疲れた、こんなはずじゃなかった……。そうではなく、大事なのは、**人生の頂点に自分を置き、自分の幸せに責任を持つこと**です。幸せを決めるのは、他人の顔色や評価や好感度ではなく、**「どれだけ自分の人生を、主役として生きるか」という覚悟です。**

こうしたお話をすると、「あの人は特別だから」「私には無理」などと言って、自ら、人生の主役の座から降りてしまう人もいます。でもこのメッセージをご覧になったということとは、今のあなたにとって何か意味のあることだと思います。決して「私は違うから」と言わないで。まずは「自分を人生の頂点に置くこと」を意識してみてください。

批判の大半は、あなたへの嫉妬

会社員時代、悩んでいた私に、「**批判の大半が、嫉妬だから、気にしないほうがいい**」とアドバイスしてくれた先輩がいました。

結果が出て現実が変わりはじめたり、新しいことをスタートすると、もれなく、批判や嫉妬も増えていきます。

批判してくる人、足を引っぱる人、頼んでもいないのに忠告してくる人の心は、裏を返せば、「あなたのことがうらやましくて、仕方がない」「自分がしたかったこと、できなかったことを実現しているから悔しい」という場合が多いです。批判の声は、その人自身の願いや欲のあらわれです。

・留学に行けなかった人は、留学する人がうらやましい。
・罪悪感のある人は、罪悪感のない人をしばりたくなる。
・「どうせ無理」と夢をあきらめた人は、限界に挑戦し、夢を実現している人が気にいらない。
・自分をおさえている人は、わがままで、無邪気な人が許せない。
・仕事でもプライベートでも「どうせ」「仕方ない」とガマンしている人は、自由な人に腹が立つ。

こうした批判をするのは、おそらく、**本当の自分を生きていない人です**。
自分を生きていない人は、そのくすぶったエネルギーを、他人の人生で発散しようとします。

本当は自分もそうしたいのに、できないからこそ、批判したり、嫉妬してうらやむのです。

自分を生きている人は、チャレンジして安全領域を越える怖さを知っています。人の失敗にも寛容ですし、人の挑戦を応援します。求められないのに、批判やアドバイスをしたり、自分の優位性をアピールするようなことはしません。自分も自由に好きなことをやっているので、他人の人生や選択に口を挟みません。**だって、その人の人生ですから。**

自分を生きている人は、自分の人生に精一杯だから、いい意味で、嫉妬や批判をしている時間や余裕がないのです。無意識のうちにも、自分の波動を下げることはしません。

あなたがうまくいくことで、批判し、離れていく人は、**そもそも最初から「不幸」や「ガマン」でつながっていただけ。**一時的なご縁だったのです。妬みのエネルギーは、気にすると吸収してしまいますが、あなたさえ気にしなければ、そのまま相手にはね返すこ

とができます。違う周波数になるからです。すると、批判のエネルギーですら、あなたの力に変わります。**嫉妬や批判をされるほど、うまくいくようになっているのです。**

「わかってもらえない」「なんであんなこと言うんだろう」と、批判に心を痛めたり、理解してもらうためにエネルギーを費やすのは、「**心のムダ遣い**」**！**　エネルギーの合わない人からはそっと、離れましょう。人がどう思っているのか、探らない、操作しようとしない。そもそも、そこに気持ちを向けないことです。

それより自分を幸せにすることに、エネルギーを注いだほうがいいです。周りがあなたの批判に使う時間を、あなたは自分のために使ってください。1カ月、1年たてば、差は歴然です。結果として、応援してくれる人、理解してくれる人は増えていくはずです。

相手とぶつかり合う時には

DO（意見や行動）とBE（その人そのもの）を切り分けましょうと、前に書きました。これは、他人に対しても同じです。まず「**意見**」についてです。

「本音を言って、嫌われたらどうしよう」

「相手とぶつかってしまうと、関係が壊れてしまう気がして怖い」

そんな恐れがあると、言いたいことも言えずに、ついぐっとガマンしてしまいがちです。

日本では「意見（DO）」＝「その人そのもの・人格（BE）」と、とらえやすいです。

ですから、相手の意見を否定し、反対することに、心がざわつく人もいます。

一方で、欧米では、「意見（DO）」と「その人そのもの・人格（BE）」は分けて考えます。会議で激しく対立意見を戦わせても、終われば、仲良く飲みに行きます。

「その人そのもの・人格（BE）を愛すること」と、「その人の意見（DO）を肯定し、好きになること」は違います。**人として好きでも、その人の「意見」まで、好きにならなくていいのです。**

「行動（DO）」についても同じです。

たとえば、約束の度に、遅刻してくる人。その人自身は好きでも、「遅刻するという行動」は嫌い。どんなに好きな人や尊敬する人でも、無理にすべての行動（DO）まで肯定したり、好きにならなくていいのです。

その意見や行動（DO）を否定しても、その人そのもの（BE）が嫌いというわけではありません。

「心の地雷」を、うっかり踏んでしまった時には

何気ない一言で、相手をムッと怒らせたり、悲しませたりすることがあります。周りから見ると、「そんなことで？」と思うようなちょっとしたやりとりでも、予想外に「**心の地雷**」を踏み、相手の気にさわってしまった……という経験はありませんか？

「**心の地雷**」は、心の傷やトラウマ、コンプレックスや劣等感、過去の失敗、おさえ続けた感情が積もり積もってできるもの。そこにふれると、ある過剰な反応が起こるスイッチです。

日頃から「自分は大切にされない」という思い込みがある人なら、ほんの少し、メールの返信が遅れたり、対応を後回しにされただけで、「軽んじられた！」「信頼されていない」と、怒りを爆発させることがあります。

「ぽっちゃりしていてかわいい」とほめたつもりでも、体型コンプレックスがある人なら、傷ついてしまいます。

「心の地雷」に触れた時の反応は、本人のもの。他人がなんとかすることはできません。同じ土俵の上で、なぐさめたり、あやまったり、喧嘩しても、同じパターンをくり返すだけで変わらないのです。**「心の地雷」からの反応には、距離をとること。**周りにできるのは、本人が向き合い、癒やしていく過程を、そっと見守ることくらいです。

また、よかれと思って励ましたつもりが、地雷を踏み、相手を怒らせたり、深く傷つけることもあります。**落ち込んでいる人に、「でも、〜だから、まだましだよ（私なんてもっと〜だよ）」と言うのは、禁句です。**「でも〜」は、相手のつらさや悲しみを否定し、突き放すだけで、救いにはなりません。

たとえば、

・残業が多くて大変という人に対し、

↓「でも、まだましなほうだよ。もっとつらい人はいっぱいいるんだから」

・望まない異動になった人に対し、

↓「でも、○○にならなかったんだから、まだましだよ。私なんてもっと～だよ」

・大きな事故にあって悲しんでいる人に対し、

↓「でも、命が助かっただけ、まだましだよ」

言った人に悪気はなくても、言われた人は、余計つらくなることがあります。**「でも、～だから、まだましだよ」は、悩みを突き放すNGワードです。**口先だけの慰めや励ましは、相手を追いつめるだけで、心に響きませんので、ご注意を。

嫉妬は、あなたの未来の姿

「いいなぁ」「ああなりたい」という嫉妬がすぎると、負の感情が増え、負の出来事を引き寄せます。

嫉妬はあなたが「本当に望むもの」に反応しているという、わかりやすいサインです。

嫉妬する相手にあなたは、あなたの未来の可能性の姿を、見ているのです。

「私にはない」「ないからこそ、惹かれるんじゃない？」という人もいます。ただ同じ周波数だからこそ共鳴し合うのです。自分にまったくないものには、そもそも反応しません。

理想に対しては思い入れが強いので、「慈愛に満ちている＝マザー・テレサ」「凛《りん》として

いる＝米倉涼子さん」のように、より高みを思い描くかもしれません。それでも、その要素をまったく持たない人からすれば、あなたもマザーも方向性は同じなのです。ただ、マザーは、その山の頂《いただき》にいて、あなたは、山の1合目から2合目にいる、その違いくらいです。「黒色」から見れば、「マゼンタピンク」も「淡いさくら色」も同じピンクのカテゴリーです。

あこがれの人、嫉妬してしまうほどうらやましい人に出会ったらチャンス!

「スタイルがいい」「雰囲気が優しい」「自由」など、具体的に「○○さんのどこに惹かれるか」を明確にし、「こんな生き方を望んでいるんだ」「その魅力が自分の中にもあるんだ」「いずれ私もそうなる」ということに、意識を向けてください。

嫉妬のエネルギーは、あなたがやりたくてもやれていなかったことを知るチャンスでもあります。魅力的なあの人も、夢を叶えたあの人も、すべて、あなたの未来の投影です。あなたの中に眠る「使命のかけら」が共鳴するからこそ、「あこがれ」「うらやましい」という反応になるのです。

「あの人はもともと才能があったから」「私とは違う」と心を落ち着かせ、あの人の世界は、まったく関係ないこととして、切り離そうとする人がいます。

自分を守っているつもりでも、実は、「私には無理」とダメ出ししているようなもの。メラメラ嫉妬している時点で、他人の土俵にいるのです。

周りの人は、さまざまな形を通して、あなたの可能性を見せてくれています。

幸せな人やうまくいっている人が、身近にいるということは、あなたにもその未来が近づいてきているということです。「同僚が先に出世して、うらやましい」「私のほうがよっぽどできるのに」ではなく、「次は私の番♪」と、一緒に流れにのってしまいましょう。「近くにいる、目にするってことは、その未来が近づいてきている！」ととらえれば、あなたが主役に戻ります。

COLUMN

03

自分を生きる

嫌われないよう、自分をつくっても、
好かれないことはある。

認められたくて、背伸びしているのに、
評価されないこともある。

自分を盛って、飾っても、おさえてガマンしても、
見向きもされないこともある。

そうやって、人目を気にし、相手に合わせていると、
だんだんと「本来のあなた」からずれていく。

あなたの「いのち」がすり減っていく。

いいんだよ。人目や評価なんて。
「あなたを生きること」より、
尊いことなんて、何一つないのだから。

第5章

人生のステージが変わる時のサイン

想定外のトラブルは、人生のステージが変わる時

何をやってもうまくいかない。想定外のトラブルが続く。そんなつらい時期は誰にでも訪れます。

・リストラされた
・望まない異動になった
・病気になった
・交通事故にあった
・婚約破棄された
・離婚された
・友人とトラブってしまった

・仕事でミスが相次いでしまった
・詐欺にあって、大金を失ってしまった
・裏切られた
・「やりたい」と思っていたことが、形にならなかった
・欲しかったチャンスが、他の人のもとに舞い降りた
・もがいて行動しても、裏目に出てばかりで、空回り……等々

もどかしく、抜け出したいから行動するのに、結果が出ない。そんな時、どうすればいいのでしょう。

ありがちなのは、

「まさか、私の人生で……⁉」

「こんなはずじゃなかった」

「私、何か間違えた？」

「あー、人生やりなおしたい」

「あの人のせい！」

と、原因を探したり、自分や他人を責めてしまうこと。どこかに原因を見出して、心を落ち着かせたい気持ちもわかります。

ただ、想定外のトラブルは、これまでのステージを大きく変えるために、起こることが多いのです。

もっというと、大きなチャンスの前触れかもしれません。新しいステージになれば「これまでのあなた」では通用しないので、「何かを変えたほうが良いですよ」というお知らせなのです。

たとえば、

・「いい人をやめる」「人に合わせない」など、人とのつき合い方を変える
・「無理しない」「がんばりすぎない」など、生き方を変える
・自分の思考・感情・行動パターンを変える

・ガマンせずに、自分を生きる。本来の使命を生きる

「何を変える時期なのか」、内なる自分に問いかけてみてください。

もし何も思いつかないのなら、今はただ、流れに身をまかせ、静観しましょう。やがて、着地点がちゃんと見つかる時がきます。

トラブルが続くのは「乗り越えて、先に行くか」「あきらめるか」を、試されている時期でもあるのです。

COLUMN 04

変化の時、「恐れ」との向き合い方

こんな風に生きたい。
いのちを、こう使っていきたい。

そう決めたはずなのに、時々、迷いや恐れがやってくる。

守られ、安定した道を捨て、心に沿って生きることは、魂が震える一方、
時に、恐れに飲み込まれそうになる。

望んでいたはずなのに、変化するって、やっぱり怖い。
安定した道を離れ、道なき道を進むのは、やっぱり怖い。

自分を信じて進もうと決めたものの、
この道の先には、一体、何があるんだろう。

見えない未来を思うと、いろいろな不安や恐れが、次々おそってくる。

自分の選択したこの道は、本当に正しかったのか。
この先、うまくいくのか。
ぐるぐる思考がめぐることもある。

手放そうと、決めたはずなのに……。
わかりやすい成功を手にし、幸せそうなかつての同僚や友人たちを見ると、
うらやましい気持ちもわいてくる。

「あの場所にいるのは、私だったはず」
「あれは、私が手にするはずのものだった……」

嫉妬、羨望《せんぼう》、小さな後悔もわいてくる。

それでも、もう過去には戻れないことも、わかっている。

魂が目覚めてしまうと、無色透明で生きていた、過去の自分には戻れない。

世間の幸せや成功を求め、自分をおさえ、ガマンし、
無理に背伸びして、
「自分でない誰か」になろうと、
必死でがんばっていた、あの頃の自分には戻れない。

恐れがあっても、不安があっても、
自分を生きるという、深い幸せを、
あなたは知ってしまったのだから。

恐れがあっても、不安があっても、
深い部分では、迷いはない。

あなたの魂はちゃんとわかっている。

この道でいい。
この道がいい。

不安や恐れがわいてくるのは、他人や未来に意識が向いている時。

不安になったら、人目ではなく、あなたの魂の声に耳を傾けよう。
今に意識を戻し、今ここに集中し、できることからやっていこう。

あなたがこれから何かにチャレンジし、

たとえ失敗したとしても、それはすべて、人生の糧になる。

自分を解き放ち、怖いまま、突き抜けよう！
一度限りの人生を、思いきり生きよう。

あなたが思い描く、カラフルで美しい未来に、心を開いていこう。

変化の前兆。大きな変化の前には、人生の調整期間がやってくる

想定外のトラブル以外にも、ステージが変わる時に、わかりやすいサインがいくつかあります。あてはまるようなら、あなたは今が転機です。

＊無気力状態

何もしたくない、動きたくない、やる気がなくなる、なんとなく落ち込む。スランプ、うつっぽい状態。

＊眠くて仕方がない

寝ても寝ても、すぐに眠くなります。ゴロゴロ、ダラダラしたい時。

やる気が出ない。。。
転機
ひょっとしたら
転機かも、、、

無気力は、とても大事な充電期です。「飛ぶ前には縮む」ということば通り、大きな変化の前には、「**待ちの時期**」が必要なのです。

一番よくないのは、「成果を出せていないから、ダメ」と、罪悪感を覚えたり、「なんとかこの状況を変えよう」と、無理にがんばったりすることです。自分をますます傷つけ、弱らせてしまいます。

ボーッとしたり、眠っていると、潜在意識が働きやすいので、きっと新しいステージに向けて情報を集めているのでしょう。

変化の時期は、人間関係もガラッと変わる

変化の時期は、**人間関係**にも調整が起こります。

＊これまでの友だちと、話が合わなくなる

これまでの友だちと話が合わなくなったり、一緒にいても、楽しくなくなったり、時に苦痛を感じることさえあります。誤解や行き違いで、溝ができてしまうことがあります。

味方がいなくなり、一時的に、孤独になることもあります。

＊嫉妬や批判の嵐

前述したとおりです。足を引っぱる人、批判する人が現れます。気にせず、突き抜け

ましょう（参照：P159）。

＊**家族関係が合わなくなる**

家族もジグソーパズルのように、全体でひとつをつくっています。最初は、ピタッとおさまっていても、あなたが成長したり、自分に目覚めたりして急に変わると「ズレ」が生じ、合わなくなってきます。

そんな時は、無理に変化を受け入れてもらおうとか、わかってもらおうと焦らないこと。**家族こそ、焦らず、時間をかけることです。**

このようなサインがきたら、人生の転機が訪れているということです。変化の波にのり、新たなステージに向け、エネルギーをためる「調整期間」です。

一見つらい、こうした変化こそが、あなたのステージが変わってきたという証で、「調整期間」を体験している真っ最中ということです。起きている流れには身をまかせます。

変化の時期はしんどいことも多いですが、この乱気流を抜けると、ステージが変わり、変化がいっきに加速していきます（かかる時間は、数週間から数年というように、個人差があります）。

スポット的に現れ、すぐに消える人の意味

人生で、深くご縁のある人には、二つのタイプがあります。

ひとつは、くされ縁のように、何かがあっても、結局はずっと続いていく人。細く長くという場合もあります。もう一方は、「**スポット的に現れる人**」です。

「スポット的に現れる人」とは、短い期間に、濃い関わりをします。

・仲が良くて、いつでもどこでも一緒だったり

・「前世があれば、きっと一緒だったよね！」というくらい、ツーカーの仲だったり
・趣味や仕事を徹底的に教えてくれ、大きな影響を受けたり

友人、恋人、仕事関係の上司や先輩、あこがれの人など、濃い時間のなかで、深い学びや気づきを与えてくれます。

その分、お役目が終わったり、転機がくると、驚くほどすっとご縁が切れます。

「スポット的に現れる人」は、存在感があり、印象に残るため、ご縁が切れてからも、想いは残ります。「もっと、いろいろなことを教わっておけばよかった」「あんなこと、しなきゃよかった……」「もし○○だったら、結果は変わったかも」「あんな人、もう現れない！」と、後ろ髪をひかれがちです。ご縁がなくなったと、後悔しやすいですが、そもそも、そういう役割だったのです。

ご縁がなくなった人や別れた人を、ネットで検索したり、気にしてしまうのは、たいてい、あなたが現状に満足できていない時です。あなたのエネルギーが落ちていることに気づきましょう。

無理につなぎとめようとか、引き戻そうとせず、流れに逆らわないこと。**未練がある人こそ、手放すことです。**ご縁があった期間に感謝して、手放すと、次の新しいステージの扉が開けていきます。

「がんばっている割に、なぜ変わらない？」と焦りが生まれた時には

新しいチャレンジを始めても、今ひとつ、変化や成果が感じられない。
がんばっている割にはあまり変わっていない気がする。
もっと早く、願いを叶えたい。

そんな時こそ、慌てず、焦らないことです。

現状は、過去のあなたがつくってきたもので、いわば、「過去の残骸《ざんがい》」です。
現実が変わる時には、あるタイムラグ（時差）が生じます。

変化が起こるのは「流れるプール」のようなものです。最初、プールは右回りに流れています。ある一定の方向です。次に、流れが変わり逆回りになっても、これまでの右回りの流れが残っているため、新しい左回りの流れとぶつかり合い、一時期、流れが止まったように見えます。

これが「変化の停滞期」です。次のステージに移行するまでのつなぎの時期です。

しばらくすると、これまでの流れも弱まり、新しい流れに統合されていきます。

タネが芽を出すのに、ある一定の時間がかかるように、目に見える形になるには時間がかかることもあるのです。脳のシナプスも、新しいパターンに安定するまでに、しばらく時間が必要です。焦らないでください。

流れを変えたい時は「リズム」を変えてみる

「調整期間」「停滞期間」は、心も沈み、ついていないことも起こりがちです。小さな不運やネガティブな気持ちが、積み重なったり続いたりすると、気になりますよね。心を整えたいのに、気づくと、また負の連鎖にハマってしまう……。

そんな時は、行動のリズムや生活習慣の流れを変えてみることです。

たとえば、朝、出かける時間を、遅くするか早くするかします。ほんの数分でいいのです。また、歩くペースを速めるか、ゆっくりするかします。ほんのわずかでいいのです。

いつもの朝は、顔を洗って、歯磨きをしているなら、順番を逆にし、歯を磨いてから、顔を洗う。通勤ルートでは、いつもより一本手前で曲がる、ひと駅手前で降りて歩いてみるなど、少し変えてみます。

事故や災害にあうのって、ほんの1分1秒の違いだったりします。あの電車に乗っていなければ、あのエレベーターに乗っていなければ、あの時、あの人と出会わなければ……。

逆にいえば、ほんの1分1秒違っていれば、避けられるトラブルもたくさんあります。**ほんの1分1秒の差が、人生を大きく動かします**。負のサイクルが続く時は、思考も行動もエネルギーも負の流れなので、意識的にそのスパイラルを断ち切るのです。

心が変われば行動が変わる。
行動が変われば習慣が変わる。
習慣が変われば人格が変わる。
人格が変われば運命が変わる。

（ウィリアム・ジェームズ）

なんとなく状況が悪い、気持ちが落ちている等、負のスパイラルの時ほど、なかなか心や思考は変えにくいもの。そんな時こそ、**「行動」のリズムや時間を変えるのはとても効果的です。**

人生がシフトしはじめたサイン

いろいろチャレンジし、気づき、変化していくうちに、ある時、大きな転機が訪れます。これまで当たり前だと思い込んでいたことが、実は、狭い世界での話だったり、「こうすべき」というのが、ごく少数だけの共通認識だったり……いろいろなことに気づきはじめます。

「あれ？」

「実は、違う？」

「今までが、おかしい？」


これまでの「思い込み」がボロボロ外れていきます。人生がシフトしはじめたサインです。今までおさえていた自分の気持ちも、浮かび上がってきます。そんな時、さらなる試練は訪れます。

・自分の心に素直に生きるか。生き方を変えるか。
・その勇気と覚悟を、持てるか。

それを問いかけられるようなことが、次々起こります。この時に、思考や損得、これまでのパターンで反応してしまうと、もれなく過去に逆戻りです。「守りたい」「怖い」「損したくない」、そんな気持ちもわかります。でも、その「お試し」こそ、世界からの呼びかけです。

もっと、自分を表現していい。
もっと楽しく、自由に生きていい。

自分を生きよう。
さぁ、羽ばたこう。

心に素直になって、勇気を出して、一線を越えてみたら、その先には、自由な世界が広がっています。

扉を開けた世界は……、
・願ったことは、すんなり形になり、奇跡といわれるようなことがひんぱんに起こる。
・「今、ちょうど連絡しようと思った」「あ、バッタリ会った」など、テレパシーレベルの交流も自然なこと。
・もちろん「お試し」も起きるけれど、それすら、自分に気づくための宝物。
・何より、自分を生きるすがすがしさや、喜びにあふれている。

そんな奇跡が当たり前に起こる日々は、自分の心に正直になることからはじまります。

エピローグ

あなたの代わりはどこにもいない

地球ファミリー
もし地球がひとつの家族だとしたら

第1章でも触れたことについて、最後にもう少しお話ししたいと思います。「もし地球が、ひとつの大きな家族だとしたら」というとらえ方をすると、見える世界は自然と変わります。地球がひとつのジグソーパズルだとしたら、あなたはその尊いピースのひとつです。

誰もが、生まれる前に使命（居場所）を決め、その使命にぴったりの魅力や才能（凸凹）をそなえてきました。家庭環境、両親、容姿も、あなたの使命にとってパーフェクトです。

ただ、人生がスタートするのは、たいてい「本来の居場所」とは違います。

本来の居場所でなければ、
・短所（凹）に対しては、「ダメだ」「なおさないと」と批判されます。
・長所（凸）に対しては逆に、「目立ちたがり屋」「いい気になっている」と叩かれます。「優しい→優柔不断」「すばらしい協調性→八方美人」「意志が強い→頑固」のように、ネガティブにとらえられることもあります。

多くの人がこの段階で、「そのままではダメ」と勘違いしてしまいます。自信を失ってしまい、無難に生きようとします。

「みんなに合わせないと」「目立たないように」「早くやらないと」、そうやって、「本来の自分」を削ったり盛ったり、誰かと勝ち負けを競い、背伸びしたりしながら、みんなに合わせて、無理とガマンを重ねて生きていく。それでもむくわれず、「あぁ、こんなはずじゃなかった」「どうして、自分ばかり」とつらい日々を重ねます。

そうではないのです。もしあなたが今、「周りと合わない」「居場所がないように感じる」「すぐ批判される」と思うなら、「あなたにとって、そこは本来の居場所じゃないですよ〜」というサインです。

本来の居場所に戻ると、短所（凹）は欠点ではなく、たぐいまれなる個性であり、才能です。

あなたの短所（凹）は、「欠けている」のではなく「余白」。他人のピースがピタッとはまるためのスペースになります。

・足りない点・欠点（凹）は、誰かが補い、助けてくれます。逆に、その凹こそが、周りの人の長所（凸）が発揮されるスペースになります。

・あなたが魅力・才能（凸）を発揮するほど、周りに感謝され、喜ばれ、幸せが広がっていきます。

何も足さない、何も引かない。あなたを変えなくていいのです。足りないものは気にしない。凸凹のまま、幸せになっていいのです。**あなたを生きることが、何より大事です。**

人間に限らず、自然界の生命にはすべて凸と凹があり、自分一人では生きられないようにつくられているようです。完璧になれないそれぞれが、補い合い、支え合い、世界は回っています。他人に頼り、委《ゆだ》ね、甘えることも大事です。

そうやって、つながりのなかで、支え合い、幸せを分かち合い、世界全体の「**幸せの総量**」を増やしていくのです。

笑うのに理由はいらない

インドの医師で、笑いヨガの考案者マダン・カタリア氏の言葉に、「笑うのに理由はいらない」というものがあります。

同じように、幸せになるのにも理由はいりません。世の中には「幸せになる方法」があふれていますが、**幸せは「条件」ではなく、「意識」だけの問題だからです。**

幸せは「**いつか、なる**」のではなく、「**今、気づき、感じる**」ものです。

大富豪や社会的なステータスという鎧《よろい》を着ていても、ストレスにまみれ、今、幸せを感じていなければ、意味はありません。社会的に評価されても、「もっと認められたい」とずっとがんばり続け働きづめでは、心がすり減ります。欲しいものを次々と手に入れ、願いを叶え続けることが幸せなのでしょうか？

世界で一番幸せなのは、今この瞬間に、幸せを感じている人です。

今、幸せな人の未来に、幸せは続きます。幸せになるのに、理由はいりません。

すべては大いなるひとつ 古代マヤの言葉

古代マヤ文明の言葉に、「**In Lak'ech（インラケチ）**」というものがあります。IN＝「私」、LAK＝「別の」、ECH＝「あなた」。つまり、「あなたは、もう一人の私であり、私はもう一人のあなたです」という意味です。

かつて、マヤの長老が、こんな話をしてくれたことがあります。

私たちは、別々に生きているようで、根本はみんなつながり、ひとつの「命」を生きている。たとえば、地球はひとつの大きな一本の木。私たちは、それぞれ、枝であったり、葉であったり。一見、バラバラのようだが、根っこでは、すべてがひとつでつながっている。源はひとつ。

一人ひとり、1秒の狂いもなく、いるべきところで、その人にしかできないことをしている。どれほど小さくても、全体に影響を与えている。ただ気づいていないだけ。

人も自然の一部。マヤの人たちは、あなたも私も、動物も植物も、分け隔てなく、すべてひとつとしてとらえていたようです。そのつながりのなかで、何より重要なのは、誰かを生きたり、誰かになろうとせず、あなたの命を生きること。

「あれもこれも私」と思いながら、世界を見ると、見え方がまったく違うはずです。あなたの身近な人も、住む空間も、起こることも、すべてが居心地よく、変わっていきます。

逆に「私は、私は」と主張しすぎると、孤独を感じたり、満たされない想いは募ります。孤独やさみしさを感じるのは「分離感」のため。そういう時こそ、つながりに意識を戻しましょう。

脳科学でも同じことを言っています。**脳には、主語がないそう**。相手を責めれば、自分も責められたと感じ、相手を怒れば、自分も怒られたと感じるのです。人の幸せがあなたの幸せであり、あなたの幸せが、周りの幸せです。

すべてが大いなるひとつで、あなたも私も同じなのです。

あなたの代わりはどこにもいない

この世界でたった一人のあなたへ

あなたは、この地球へ、冒険をするために生まれてきました。
宇宙の中でも、最も蒼《あお》く、美しく輝く、この地球を、あなたは選びました。

地球に降りてくる前、あなたは、この一生でやり遂げようという、
あるテーマ（＝使命）を決めました。

使命に沿った、親や家族、環境、
容姿、身長、特性（長所・短所）、才能を選びました。
一寸の狂いもありません。

使命に気づけるよう、あなたなりのワクワクや好き嫌い、
興味・関心も設定してきました。

出会う友だち、仲間、愛《いと》しい人も、
体験する試練も、活躍する居場所も、大枠のシナリオも決めてきました。

「この人生で◯◯を経験する」
「周りに助けてもらえるよう、△△を選ぶ」
「◯歳の時に、大きなトラブルにあい、本当にやりたいことに気づく」
といった感じです。

大きな課題を選んだ人や、
大勢とは違うマイノリティ（少数派）の生き方を選んだ人は、チャレンジャーです。

地球に生まれてきてからのあなたは、

迷ったり、傷ついたり、悲しんだり。

世間の幸せの基準から外れ、焦ったり、不安になったことも、あったかもしれません。
明日に希望を見出せない日も、あったかもしれません。

それでも、誰かに救われ、守られ、幸せを感じるうちに、
あなたは忘れていた光を、少しずつ取り戻してきたはずです。

思い出してください。

光を求めるのではなく、
あなたの存在そのものが、光だということを。

あなたは光り輝く存在として、
まばゆいギフト（魅力・才能）を兼ねそなえ、

この地上に降りてきたのです。

「特別なあの人」だけでなく、そもそも、すべての人は、
輝いていることが自然です。

そんな輝く「あなた」を選んで、生まれてきたのです。

あなたにしかできないことがあるから、
あなたは、今ここにいるのです。

もうこれ以上、足りないものを数え、人と比べて、
自分を責め、傷つけないこと。
人目を気にして、世間の批判を恐れて、自分を小さくしないこと。
困難や制限に負けて、夢や志をあきらめないこと。

心の声をしっかり受けとめてください。

あなたを生きるのです。

本当に生きたい人生を自分で選ぶパワーを、あなたはちゃんと持っています。

たとえばペンライトの先にある灯りのように、
「あなたという輝き」を、世界に向けて、照らすのです。

最初の一歩は怖いかもしれませんが、
あなたの光を見つけてくれる人、
あなたを待っている人が、必ずいます。

たった一度の人生。限られたいのちです。

あなたのやりたいことを、表現してください。
あなたにしか伝えられない想いを、届けてください。
自由に生きる人は、人の心をも解放します。

あなたがこの地球でしたかったことは、なんですか?

エッジ(限界)を超えて、輝こう。
力いっぱい、羽ばたこう。

あきらめて、小さく生きることは、世界が許してくれない。
飛び出さなければ何も変わらない。

あなたのために用意された空席は、必ずあります。

この広い世界に、あなたの代わりはどこにもいないのですから。

おわりに
～いつだって人生は上書き可能

最後までおつき合いくださり、ありがとうございました。

激動の時代には、さまざまなアップダウンがあります。変化を「怖いととらえて、あきらめてしまうか」「ワクワクしながら、乗り越えていくか」、すべてはあなた次第です。

何が起きたとしても、今どんな状態だとしても、それでも、最高の未来は、今この瞬間からつくっていけるのです。

いつだって人生は上書き可能です。

もっとあなたのすばらしさに気づいてください。

もっとあなたを認めてあげてください。
あなたが思っている以上に、あなたには大きな力と可能性があります。
そして、何が起きたとしても、あきらめずに、人生の主導権を取り戻してください。

大丈夫。あなたにはできます。

本書が、そんなあなたに寄り添い、支える存在となれば、とても嬉しいです。本書は、その時々で、響く箇所が違うはずです。くり返し読んでいただければ、気づかぬうちに、心が変わっていくと思います。

この本を執筆するにあたり、多くの方々にサポートいただきました。
クライアントさん、グループメンタリングの卒業生、講演会や瞑想《めいそう》会やワークショップに来てくださる方々、読者の皆様、いつもありがとうございます。

敬愛するメンター、愛する家族、いつも支えてくれる弟の拓、白浜みのりさん、最高のリーダーチーム、友人や同志たち、そして誰よりも、ＰＨＰ研究所の姥康宏さん、心から感謝です。

至らない私が、人生を楽しみながら、果敢にチャレンジできるのは、それこそ、支えてくださる周りの方々のおかげです。そんな方々への感謝の気持ちをいっぱいこめた一冊です。

あなたの人生が、ますます幸せに、開けていきますよう、心から願っています。

そして、いつかどこかで、あなたにお会いできますように。

心からの感謝を込めて。

装幀：小口翔平＋上坊菜々子（tobufune）
装画：しんやゆう子
本文イラスト：小巻
編集協力：白浜みのり

読んでくださったみなさまへ限定特典

最後まで、読んでくださり、ありがとうございました。

読んでくださったみなさまに、感謝を込めて、ページの関係で本書に載せられなかった「幻のメッセージ」を、無料でプレゼントしています。

よかったら、アクセスしてみてください。
http://www.suzuki-manami.com/anata/

〈著者略歴〉

鈴木真奈美（すずき・まなみ）

株式会社地球ファミリー代表。上智大学ドイツ文学科卒業。大手メーカーにて、役員秘書や、コンサルティング部門で幹部対象のコーチング及び研修を担当。たくさんの経営トップから成功哲学を学び、「成功し続ける人の共通点」に気づく。

世界トップレベルの師に師事し、コーチング、リーダーシップ、心理学、ＮＬＰ、ヒーリング等を学び、その後、独立。「もし地球が一つの家族だとしたら」というビジョンにもとづき、株式会社地球ファミリーを設立。

自己肯定感を高め、すべての人に眠っている「使命」や「魅力」を引き出すことをライフワークとしている。これまでの研究を適用し、多方面のクライアント（アスリート・タレント・経営者、省庁、自治体、学校法人、医療法人など）に対し、個人と組織の変化をサポート。口コミで広がったセミナーやグループメンタリングは毎回、抽選になるほど応募が殺到する。

著書に、『「自分磨き」はもう卒業！ がんばらずに、ぐんぐん幸運を引き寄せる方法』『もう周りにふり回されない！ 自分史上最高の幸せを呼びこむ方法』『幸せな人だけが知っている、シンプルな生き方』（以上、ＰＨＰ研究所）がある。

ＩＣＦ国際コーチ連盟プロフェッショナル認定コーチ（ＰＣＣ）。

ブログ　https://ameblo.jp/always-smile0720/
フェイスブック　https://ja-jp.facebook.com/manami25
メルマガ　https://55auto.biz/manami/touroku/entryform2.htm
ホームページ　http://www.suzuki-manami.com/

人生の「主役」はあなたです

2017年12月12日　第1版第1刷発行

著　者　鈴木真奈美
発行者　後藤淳一
発行所　株式会社ＰＨＰ研究所
京都本部 〒601-8411 京都市南区西九条北ノ内町11
第三制作部人生教養課 ☎075-681-5514（編集）
東京本部 〒135-8137 江東区豊洲5-6-52
普及部 ☎03-3520-9630（販売）
PHP INTERFACE https://www.php.co.jp/

制作協力
組　版　株式会社PHPエディターズ・グループ
印刷所　図書印刷株式会社
製本所　東京美術紙工協業組合

ISBN978-4-569-82815-2

PHPの本

もう周りにふり回されない！

自分史上最高の幸せを呼びこむ方法

鈴木真奈美 著

心優しい人ほど、他人にふり回されてしまいます。世間の「幸せの基準」にまどわされず、「自分の価値観」で生きる方法をアドバイス。

定価 本体一、三〇〇円（税別）

PHPの本

「自分磨き」はもう卒業！

がんばらずに、ぐんぐん幸運を引き寄せる方法

鈴木真奈美 著

間違った「自分磨き」をしていると、もっと苦しくなります。「偽りの自分」ではなく、「本当の自分」で生きて幸せになる方法を解説。

定価 本体一、三〇〇円（税別）

PHPの本

幸せな人だけが知っている、シンプルな生き方

鈴木真奈美 著

シンプルになるほど、あなたの望んだとおりの人生が展開していく。ものに囲まれていた時より、ずっとしなやかで、豊かで、幸せになれる生き方。

定価 本体一、三〇〇円（税別）